MOSAIK STEINE 5

MOSAIK STEINE 5

Evangelisches Religionsbuch
für Realschulen

Herausgegeben von
Dr. Hans Bald, Bärbel Kappe, Martin Potoradi

unter Mitarbeit von
Gundula Socher

© **Claudius Verlag München 2004**
Birkerstraße 22, 80636 München
www.claudius.de

Alle Rechte, auch die des auszugsweisen Nachdrucks, der fotomechanischen und elektronischen Wiedergabe sowie der Übersetzung, vorbehalten.

Gestaltung und Typografie:
Bertram J. Schmidt, Baierbrunn

Druck und Bindung:
Sellier Druck GmbH, Freising

ISBN 3-532-70105-7

Vorwort

Liebe Schülerin, lieber Schüler,

wüssten wir, wie du heißt, würden wir dich natürlich mit deinem Namen ansprechen, denn mit diesem Buch wollen wir uns an dich persönlich wenden.

Auf deinem Weg durch die fünfte Klasse wird dich das vorliegende Buch im Fach Religion begleiten. Wir haben es »Mosaiksteine« genannt, weil es viele unterschiedliche Erfahrungen, Gedanken, Geschichten, Lieder und Bilder enthält, die sich wie bunte Steine eines Mosaiks zu einem Gesamtbild zusammenfügen lassen.

Die fünf Kapitel des Buches sind durch unterschiedliche Farben gekennzeichnet. Daran kannst du erkennen, was inhaltlich zusammengehört.

Eine waagerechte farbige Linie trennt im oberen Teil der Buchseiten die Informationsleiste vom Rest der Seite. Diese Leiste bietet zusätzliche Informationen, erklärt dir schwierige Begriffe und erleichtert dir somit das Verstehen der Texte und Bilder.

Sicher wird deine Lehrerin oder dein Lehrer dir beim Erschließen der einzelnen Buchseiten behilflich sein, aber du hast auch die Möglichkeit, dies selbstständig zu tun. Dabei helfen dir die Denk- und Arbeitsanregungen, die mit einem senkrechten farbigen Balken gekennzeichnet sind.

Die letzte Seite jedes Kapitels fasst zusammen, was du kennen, erklären, beurteilen, verstehen oder wissen solltest, wenn du das Kapitel im Unterricht und zu Hause bearbeitet hast. Daran kannst du überprüfen, wie gründlich du die Inhalte der einzelnen Kapitel verstanden und behalten hast.

Je mehr Mosaiksteine du kennst und sammelst, desto umfangreicher und bunter wird dein persönliches Mosaik am Ende des Schuljahres sein.

Viel Erfolg und Freude wünschen dir dabei die Herausgeber dieses Buches

Hans Bald **Bärbel Kappe** **Martin Potoradi**

Inhalt

I. Meine neue Unterrichtsgruppe, meine neue Klasse   Seite 8

Deine Mitschülerinnen und Mitschüler haben unterschiedliche Veranlagungen, Eigenheiten und Meinungen. Trotzdem sollte es euch gelingen einander zu respektieren, zu vertrauen und eine Gemeinschaft zu bilden.
Wie das geht, dafür gibt es in diesem Kapitel Anregungen.

II. Das Alte Testament erzählt von Erfahrungen, die Menschen mit Gott machen   Seite 24

Hier erfährst du etwas über Entstehung, Überlieferung und Inhalt des Alten Testaments.

Eine besondere Beziehung zu Gott wird an einigen Stationen des Lebens Abrahams deutlich.

Die Geschehnisse um Saul, David und Salomo geben dir Einblick in das Gottesverständnis des Volkes Israel.

III. Schöpfung: Unsere Welt und unser Leben – ein Geschenk Gottes   Seite 54

In diesem Kapitel kannst du Schöpfungserzählungen anderer Völker und im Besonderen die unserer Bibel näher kennen lernen.

Was die Schöpfung für uns bedeutet und wie wir damit umgehen sollen, wird an mehreren Beispielen deutlich.

IV. Heimat entdecken – Kirche vor Ort Seite 82

Hier wird der Frage nachgegangen: Was ist eigentlich »Kirche«?
Ein Gebäude? Eine Organisation? Eine Gemeinschaft?
Du findest hier interessante Informationen und wichtige
Anregungen zum Nachdenken.

V. Wer bin ich? Seite 110

Dieses Kapitel hilft dir, dich selber besser kennen zu lernen, und
versucht folgenden Fragen nachzugehen:

- Hast du schon einmal über die Bedeutung deines Namens nachgedacht?

- Ist dir bewusst, dass du für Gott und die Menschen einmalig bist?

- Weißt du, wie du Verantwortung für dich übernehmen kannst?

Meine neue Unterrichtsgruppe, meine neue Klasse

Eine gute Gemeinschaft werden

Herr, unser Vater,
wir danken dir füreinander,
für unsere Gemeinschaft
bei Arbeit und Spiel,
für Hilfsbereitschaft
und gegenseitiges Verstehen.

Bewahre uns
vor Missgunst und Neid,
vor Rechthaberei und Streit.

Hilf uns,
einander gelten zu lassen
und uns gemeinsam
über Erfolg zu freuen.

Gib uns offene Augen,
dass wir verborgene Not erkennen
und einander helfen können.

Amen

Kasimir Malewitsch

Kannst du den Figuren Schülerinnen oder Schüler bzw. Cliquen deiner neuen Religionsgruppe zuordnen?
Beachte dabei die Form der Figuren und ihre Stellung zueinander.

Miteinander oder gegeneinander?

> **info** *Eine **Gruppe** besteht aus einer Anzahl von Personen, die besondere Beziehungen untereinander und zu Außenstehenden pflegen. Sie haben gemeinsame Ziele und Interessen. Eine **Gemeinschaft** zeichnet sich darüber hinaus durch eine gefühlsmäßige Verbundenheit der Mitglieder aus.*

Wir brauchen einander

Da ist ein Einzelner, der allein ist. Er hat weder Sohn noch Bruder und macht sich doch Mühe ohne Ende, und sein Auge wird nicht satt am Reichtum.
Zwei sind besser dran als einer. Sie haben doch einen guten Lohn für ihre Mühe.
Wenn einer fällt, so hilft ihm der andere auf.
Weh dem, der allein ist! Wenn er fällt, ist kein anderer da, ihm aufzuhelfen.
Und liegen zwei beieinander, so haben sie warm.
Wie aber soll ein Einzelner warm werden? Und mag einer auch den Einzelnen überwältigen, zwei halten ihm stand, und gar die dreifache Schnur reißt nicht leicht entzwei.

*Prediger 4,8–12
übersetzt von Jörg Zink*

Sind Text und Bildgeschichte auf die Situation in deiner Klasse übertragbar?

Vorurteile

Der Axtdieb

Ein Mann hatte seine Axt verloren und vermutete, dass der Sohn des Nachbarn sie ihm gestohlen habe. Er beobachtete ihn daher genau: sein Gang, sein Blick war ganz der eines Axtdiebes. Alles, was er tat, sah nach einem Axtdieb aus. Einige Zeit später fand der Mann zufällig die Axt unter einem Bretterhaufen. Am nächsten Tag sah er den Sohn des Nachbarn: sein Gang war nicht der eines Axtdiebes, auch sein Blick war nicht der eines Axtdiebes.

Aus dem Chinesischen

Hattest du schon einmal ähnliche Gedanken?

Setz dir eine Brille auf

Setz dir eine Brille auf.
Hat sie grünes Glas,
denkst du alle Welt wär grün,
grün wie grünes Gras.
Grün sind Rosen vor der Tür
und das Sonnenlicht.
Deine Hände grünen auch,
grün ist dein Gesicht.

Setz dir eine Brille auf.
Hat sie blaues Glas,
denkst du, alle Welt wär blau,
blau wie dies und das:
Blaue Wege gehst du dann,
blau sind Stein und Erde.
Blaue Blumen pflückst du dir
und siehst blaue Pferde!

Setz dir eine Brille auf
mit gelbem Glas darin,
denkst du, alle Welt wär gelb,
gelb allein ihr Sinn.
Gelb sind alle Menschen dir,
gelb ist auch dein Hund.
Was keine gelbe Farbe hat,
erscheint dir ungesund.

Setz dir eine Brille auf
mit rotem Glas darin,
denkst du alle Welt wär rot,
und nur rot wär in.
Rot nun wäre wunderbar,
rot allein wär fein,
andere Farben siehst du nicht,
rot nur rot allein!

Setz die bunten Brillen ab,
schau dich dann mal um!
Voll Verwund'rung merkst du bald,
Mensch, was war ich dumm!
Jedes Ding hat seine Farben
und die Welt wird weit.
Wer nur eine Farbe kennt,
tut dir plötzlich Leid.

Bruno Horst Bull

Außenseiter

> **info** **Zöllner** waren zu Zeiten Jesu wenig geschätzte Männer. Sie wurden verachtet, weil sie für die verhassten Römer Geld eintrieben, und sie galten als Sünder, weil sie das Gesetz nicht streng einhielten.

Eine folgenreiche Begegnung

Und Jesus ging nach Jericho hinein und zog hindurch. Und siehe, da war ein Mann mit Namen Zachäus, der war ein Oberer der Zöllner und war reich. Und er begehrte, Jesus zu sehen, wer er wäre, und konnte es nicht wegen der Menge; denn er war klein von Gestalt. Und er lief voraus und stieg auf einen Maulbeerbaum, um ihn zu sehen; denn dort sollte er durchkommen. Und als Jesus an die Stelle kam, sah er auf und sprach zu ihm: Zachäus, steig eilend herunter; denn ich muss heute in deinem Haus einkehren. Und er stieg eilend herunter und nahm ihn auf mit Freuden. Als die Leute das sahen, murrten sie alle und sprachen: Bei einem Sünder ist er eingekehrt. Zachäus aber trat vor den Herrn und sprach: Siehe, Herr, die Hälfte von meinem Besitz gebe ich den Armen, und wenn ich jemanden betrogen habe, so gebe ich es vierfach zurück. Jesus aber sprach zu ihm: Heute ist diesem Hause Heil widerfahren, denn auch er ist Abrahams Sohn. Denn der Menschensohn ist gekommen, zu suchen und selig zu machen, was verloren ist.

Lk 19,1–10

Was macht Zachäus zum Außenseiter?
Jesus nimmt Zachäus trotz seiner Fehler an.
Was ändert sich dadurch für ihn?
Ist die Geschichte heute noch aktuell?

Fremdsein

■ Wer ist hier der Fremde?

Der Neue

Wir haben einen Neuen in der Klasse
mit roten Haaren, stell dir vor! –
Na und?
Deshalb klettert trotzdem er durch dichte Hecken,
deshalb spielt er trotzdem gern im Wald verstecken,
weiß trotzdem, was ein Wigwam ist,
weiß trotzdem, wie man Pfeile schießt,
kann trotzdem einen Handstand machen,
kann trotzdem hundert andere Sachen.
Und hätt' er Sommersprossen, wär er kugelrund,
hätt' krumme Beine er, ich sagte nur: Na und?
Dass er so ist,
es ist nicht seine Schuld.
Dass du's nicht bist,
das ist nicht deine Schuld.
Doch wenn er fremd, verlassen bleibt und ganz alleine,
dann ist's nicht seine Schuld. Dann ist es deine.

GISELA SCHÜTZ

■ »Doch wenn er fremd, verlassen bleibt und ganz alleine, dann ist's nicht seine Schuld.« – Wieso denn deine?

Unterschiede

Liebe Lisa,

seit vier Wochen bin ich nun an der neuen Schule und ich möchte dir erzählen, wie es so ist. Mathe ist hier schwerer. Englisch finde ich toll, denn der Lehrer ist noch sehr jung. Auch Religion gefällt mir gut. Dafür gehen wir immer in einen anderen Raum, weil verschiedene Kinder aus allen fünften Klassen in diesem Fach gemeinsam unterrichtet werden. Wir sind nur sechzehn Schüler und die Lehrerin lässt uns die Tische in Hufeisenform aufstellen, damit wir uns beim Reden ansehen können.

Rechts neben mir sitzt Jule, ein Mädchen aus meiner Klasse. Jule ist sehr still, aber immer hilfsbereit. Sie leiht mir gern ihre Buntstifte, wenn wir malen.

Das Mädchen mir gegenüber kommt aus einer anderen fünften Klasse. Sie ist ziemlich eigensinnig. Einmal hat sie zu Beginn des Unterrichts eine Viertelstunde lang die Tafel gewischt. Es sah so aus, als wollte sie gar nichts mitbekommen.

Der Junge neben ihr hat gleich zu Anfang eine Bibel mitgebracht, so eine mit einem Reißverschluss. Die sollte unbedingt jeder ansehen. Also, für mich ist er ein Angeber.

Etwas weiter links in der Reihe sitzt ein Junge mit einer Zahnspange. Er ist ziemlich groß, fast so groß wie unsere Lehrerin. Er passt nie auf, schwatzt ständig oder versucht seine Comics zu lesen. Als die Lehrerin sein Religionsheft einsammelte, hat sie sehr geschimpft.

Jens, ein anderer Junge aus derselben Klasse, der seinen Platz an der Längsseite hat, redet immer lange mit der Lehrerin. Er weiß auch sehr viel, aber er lässt kaum jemand anderen zu Wort kommen! Und der Paul neben ihm ist ein richtiger Zeichenkünstler. Wenn wir zu einer Geschichte ein Bild malen sollen, gelingen ihm wahre Kunstwerke. Ganz im Gegensatz zu seinem Nachbarn. Der ist immer in zwei Minuten fertig und langweilt sich dann.

Welcher Typ bist du?
Kennst du noch andere?

| Redseliger | Schüchterner | Ablehnender | Uninteressierter | »Das große Tier« | Ausfrager |

Am schlimmsten ist ein Mädchen aus der 5 e. Sie ist ziemlich eklig. Ständig regt sie sich über andere auf, will immer Recht haben und legt sich sogar mit der Lehrerin an. Einmal habe ich versucht, freundlich mit ihr zu reden, aber sie hat mich nur böse angefaucht. Ich weiß nicht, was mit ihr los ist. Da bin ich doch froh, dass links neben mir Babsi sitzt. Wenn wir Partnerarbeit machen, bin ich am liebsten mit ihr zusammen. Sie kann gut lesen, ist immer lustig und hat viele komische Ideen. Ich glaube, wir könnten Freundinnen werden. Vielleicht kannst du sie auch einmal kennen lernen.

Lisa, schreib mir bald zurück.

Deine Susanne

Kommt dir einiges davon bekannt vor?

Angeber

Kinderreim: *Ich bin ich, und du bist du. Wenn ich rede, hörst du zu. Wenn du redest, bin ich still, weil ich dich verstehen will!*

Der aufgeblasene Frosch

1. Zwei Frösche sahen einen Ochsen. »Der ist aber groß!«, sagte der eine. Der andere antwortete. »So groß kann ich auch werden, wenn ich mich anstrenge.«

2. Er holte Atem und blies sich auf. »Bin ich jetzt so groß wie der Ochse?«, fragte er.

3. »Nicht ganz«, sagte sein Freund. Der prahlerische Frosch holte noch einmal und noch tiefer Luft. »Der Ochse war größer«, sagte der Freund.

4. Da blies sich der Angeber weiter auf und noch weiter und er wurde größer und größer. »Der Ochse war immer noch größer«, sagte sein Freund.

5. Da holte der Frosch noch einmal Luft, ganz ganz tief... und platzte.

Mach dich nicht größer als du bist.

Wer ist der Größte?

Der Hühnerhof

1. Drei Paare kämpfender Küken; das siebente Küken ist abgeschlagen.

2. Sieben Wochen alte Junghühnchen im Rangkampf.

3. Die Waffe des springenden Hahns: Der Schlag mit dem spornbewehrten Lauf.

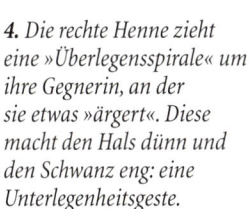

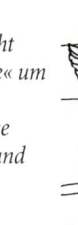

Die Schulklasse

Die Kameraden

Von oben nach unten

1.

2.

3.

4. Die rechte Henne zieht eine »Überlegensspirale« um ihre Gegnerin, an der sie etwas »ärgert«. Diese macht den Hals dünn und den Schwanz eng: eine Unterlegenheitsgeste.

Happy End?

5. Die besiegte Henne versteckt ihr Gesicht.

4.

5.

Der Rangstreit der Jünger

Jesus und seine Jünger kamen nach Kapernaum. Und als er daheim war, fragte er sie: Was habt ihr auf dem Weg verhandelt? Sie aber schwiegen; denn sie hatten auf dem Weg miteinander verhandelt, wer der Größte sei. Und er setzte sich und rief die Zwölf und sprach zu ihnen: Wenn jemand will der Erste sein, der soll der Letzte sein von allen und aller Diener. Und er nahm ein Kind, stellte es mitten unter sie und herzte es und sprach zu ihnen: Wer ein solches Kind in meinem Namen aufnimmt, der nimmt mich auf; und wer mich aufnimmt, der nimmt nicht mich auf, sondern den, der mich gesandt hat.

Mk 9,33–37

> **G**leicht deine Klasse dem Hühnerhof oder entspricht euer Verhalten der Vorstellung, die Jesus vom Umgang der Menschen untereinander hat?

Regeln

Aus einer Schulordnung von 1913

1. Die Schüler haben pünktlich zur bestimmten Zeit – niemals früher als eine Viertelstunde vor dem Schulanfang – in geordnetem Zustand und mit den erforderlichen Schulsachen versehen, im Schulzimmer zu erscheinen, sich sofort an ihre Plätze zu setzen und alles zum Unterricht Nötige in Bereitschaft zu legen.
2. Der Eintritt ins Schulhaus geschieht lautlos und ohne Geräusch. Vor dem Eintritt haben die Schüler die Schuhe zu reinigen.
3. Es ist streng untersagt, daß die Schüler lärmen, im Schulzimmer umherlaufen, sich um den Ofen stellen oder überhaupt von ihren Plätzen wegrücken.
4. Wer erst nach dem Unterrichtsbeginn kommt, hat dem Lehrer den Verhinderungsgrund vorzutragen.
5. Beim Eintritt des Lehrers in das Schulzimmer haben die Schüler denselben durch Aufstehen zu begrüßen.
6. Während des Unterrichts sollen die Schüler still, ruhig, in gerader und anständiger Haltung auf ihren Plätzen sitzen.
7. Alles, was den Unterricht stört, wie: Essen, Spielen, Scharren oder Stampfen mit den Füßen, Schwatzen, Lachen sowie das Verlassen des Platzes ist untersagt.
8. Hat ein Schüler während des Unterrichts dem Lehrer etwas zu sagen, so gibt er, bevor er spricht, mit der Hand ein Zeichen.
9. In und außerhalb der Schule müssen sich die Schüler anständig betragen und die Anordnungen der Schulbehörde und des Lehrers gewissenhaft beachten.
10. Beim Aufsagen, Lesen und Singen müssen die Schüler stehen; die Antworten müssen sie in gerader Haltung des Kopfes laut, wohlbetont und in ganzen Sätzen geben.
11. Beim Schreiben müssen sie aufrecht sitzen, wobei weder die Brust den Tisch berühren soll noch der Körper stark vorwärtsgebogen werden soll.
12. Kein Schüler soll den Gottesdienst versäumen. In der Kirche sollen sich die Schüler gottesfürchtig und gesittet benehmen.
13. Gegen den Lehrer haben sich die Schüler stets folgsam, wahrheitsliebend, bescheiden und höflich zu benehmen; dasselbe anständige Verhalten sollen sie auch anderen Erwachsenen gegenüber zeigen.
14. Alles Lügen, Fluchen, Schimpfen, Schlagen, Werfen sowie das Beschmutzen von Häusern und Gehwegen ist strengstens untersagt.
15. Nach Einbruch der Nacht oder nach dem Abendgebetläuten sollen sich die Schulkinder nicht mehr zwecklos auf den Straßen und öffentlichen Plätzen umhertreiben.

DIE OBERSCHULBEHÖRDE

Was ist veraltet? Was ist auch heute noch wichtig? Worauf kommt es grundsätzlich an?

*So wie es bei jedem Spiel **Regeln** gibt, an die sich jeder halten muss, damit es fair zugeht, so gibt es auch in einer Klasse oder Religionsgruppe Regeln, wie: Es redet immer nur einer. Jeder hört dem anderen aufmerksam zu. Keiner unterbricht den anderen. Niemand wird ausgelacht. Keiner nimmt dem anderen etwas weg. Niemand darf einen anderen fertig machen. Vertrauliches wird nicht weitererzählt.*

Die Goldene Regel

Alles nun, was ihr wollt, dass euch die Menschen tun sollen, das tut auch ihnen!

Mt 7,12

Formulierungen wie die Goldene Regel gibt es nicht nur im Neuen Testament, sondern auch in anderen Religionen und Kulturen. Die entscheidende biblische Grundregel für das Verhältnis der Menschen untereinander und zu Gott findest du im Doppelgebot der Liebe z. B. bei Lk 10,27.
Welche Regeln gelten in deiner Religionsgruppe?

Was der Mensch sät

Was der Mensch sät, das wird er ernten:
sät er Korn, so erntet er Korn,
sät er Unkraut, erntet er Unkraut,
sät er Blumen, erntet er Blumen,
sät er Brennnesseln, erntet er Brennnesseln.
Was der Mensch sät, das wird er ernten:
Sät er Dank, erntet er Dank,
sät er Undank, erntet er Undank,
sät er Liebe, erntet er Liebe,
sät er Lieblosigkeit, erntet er Lieblosigkeit.
Sät er Hilfe, so erntet er Hilfe.
sät er Angst, so erntet er Angst,
sät er Neid, so erntet er Neid,
sät er Freude, so erntet er Freude
und so weiter.
Warum also säen wir noch immer Undank,
Lieblosigkeit, Angst, Neid und so weiter?
Warum säen wir nicht öfter Dank, Liebe, Freude …
Warum eigentlich nicht?

Aus einem Gemeindebrief

Gemeinsames Tun

Singen

Lasst uns miteinander singen, beten, loben den Herrn

Lasst uns mit-ein-an-der, lasst uns mit-ein-an-der sin-gen, be-ten, lo-ben den Herrn! Lasst uns das ge-mein-sam tun, sin-gen, be-ten, lo-ben den Herrn, sin-gen, be-ten, lo-ben den Herrn, sin-gen, be-ten, lo-ben den Herrn, sin-gen, be-ten, lo-ben den Herrn.

Beten

Für unsere Klasse beten

Herr, als Klasse gehen wir ein Stück unseres Weges zusammen.
Schenke uns Offenheit und Verständnis füreinander.
Hilf, dass wir nicht gegeneinander sind aus Neid, Ehrgeiz und Misstrauen.
Stärke unsere Klassengemeinschaft.
Lass uns zusammenhelfen, wenn uns das Lernen Mühe bereitet.
Schenke uns gemeinsame Erlebnisse, die uns Freude machen.
Herr, sei mit uns, wenn wir zusammen sind.
Amen.

- **S**uche andere Lieder und Gebete, die die Gemeinschaft stärken können.

Wassily Kandinsky, Abendmahl

Feiern   **Ein Fest im Religionsunterricht**

Als ich an diesem Montagmorgen Anfang Oktober ins Klassenzimmer kam, war alles anders als sonst. Tische und Stühle standen nicht in drei Reihen hintereinander, sondern die Tische waren an die rückwärtige Wand geschoben und die Stühle standen im Halbkreis um einen Tisch herum. Auf diesem Tisch lag ein weißes Tischtuch und zwei große grüne Kerzen standen darauf. Unsere Religionslehrerin war schon da und wies uns an, unsere Sachen auf die Tische an der Wand zu legen und uns in den Halbkreis zu setzen. Nachdem alle Schülerinnen und Schüler da waren und es geläutet hatte, zündete Frau Abel die Kerzen an und stellte einen Korb frischer Brezen auf den Tisch. Die dufteten so gut, dass mir das Wasser im Mund zusammenlief. Verwundert fragte ich mich, was das alles zu bedeuten hatte.

Die Lehrerin begrüßte uns, und Peter, mein Nachbar, las ein Gebet vor, das er sich für diesen Tag ausgesucht hatte.

»Gütiger Gott, mit deiner Hilfe beginnen wir die Arbeit einer neuen Woche. Wir danken Dir für alle Gaben und für die Möglichkeit, sie in unserem Leben einzusetzen. Gib uns

21

Mut und Kraft für unser Tun. Amen.« Heute fiel es nicht nur mir besonders schwer, mich auf das Gebet zu konzentrieren, denn alle waren neugierig auf das, was kommen würde. Da fing Frau Abel auch schon an. »Im Gebet haben wir uns für Gaben bedankt und damit unsere Begabungen gemeint. Gestern haben wir im Gottesdienst auch für Gaben gedankt, nämlich für die Früchte des Gartens und des Feldes.«

»Ach ja«, rief Thomas aufgeregt dazwischen. »Gestern war ja Erntedankfest!« »Richtig«, bestätigte die Lehrerin und fragte, warum wir dieses Fest eigentlich feiern. Fast jeder von uns hatte etwas beizutragen: Dankbarkeit dafür, dass die Ernte gut war, dass wir Obst, Gemüse und Getreide ernten konnten, dass es Menschen gibt, die alles anbauen, ernten, verarbeiten, in die Geschäfte bringen, verkaufen und zubereiten. Vor allem aber Dankbarkeit, dass Gott die Dinge gedeihen lässt.

Frau Abel hatte uns ein Lied mitgebracht, in dem diese Gedanken zusammengefasst waren. Es ging so:

»Wir pflügen und wir streuen den Samen auf das Land, doch Wachstum und Gedeihen steht in des Himmels Hand: der tut mit leisem Wehen sich mild und heimlich auf und träuft, wenn heim wir gehen, Wuchs und Gedeihen drauf. Alle gute Gabe kommt her von Gott dem Herrn, drum dankt ihm, dankt, drum dankt ihm, dankt und hofft.«

»Und wenn man so dankbar ist, fällt es einem leicht, anderen abzugeben«, sagte Frau Abel. Dann war es endlich so weit. Wir feierten unser eigenes Erntedankfest. Je zwei Kinder bekamen eine Breze, die sie sich teilen mussten. Manche teilten ziemlich ungerecht, aber ich hatte Glück, Peter gab mir die größere Hälfte. Ich muss schon sagen, so eine frische Brezenhälfte am frühen Morgen ist nicht zu verachten.

Gut gestärkt sangen wir zum Abschluss der Stunde noch einmal das Erntedanklied. Diesmal klang es richtig gut!

Dieses Bild ist anders als das auf Seite 9.
Hat sich auch in deiner Unterrichtsgruppe etwas verändert?

Wenn du dieses Kapitel im Unterricht und zu Hause bearbeitet hast,
weißt du,
> **dass es in deiner Unterrichtsgruppe unterschiedliche
> Menschentypen gibt.**

Du kennst
> **die Besonderheiten deiner Mitschüler und bist bereit,
> auf die anderen zuzugehen und sie zu respektieren.**

Du kannst erklären,
> **wie Vorurteile entstehen,
> was Menschen zu Außenseitern macht und
> wie du es Fremden erleichtern kannst, dazuzugehören.**

Du weißt,
> **was eine Gruppe zu einer Gemeinschaft macht und kannst
> Beispiele für die Verbesserung des Klimas anführen.**

Du kannst begründen,
> **warum es nötig ist, Regeln einzuhalten und bist mit der
> »Goldenen Regel«, die Jesus seinen Jüngern gab, vertraut.**

Du kennst
> **die Möglichkeiten gemeinsamen Tuns und weißt, wie wichtig
> dies für das Zusammenwachsen einer Unterrichtsgruppe ist.**

Du kannst
> **praktische Beispiele für gemeinsames Tun anführen und
> eigene Ideen entwickeln.**

Das Alte Testament erzählt von Erfahrungen, die Menschen mit Gott machen

Mein Gott,
was ist das für ein Buch,
und was sind das für Lehren!
Welche Wunder enthält
diese Heilige Schrift,
und welch eine Kraft ist mit
ihr den Menschen gegeben!
Es ist wie das Herausmeißeln
des Urbilds der Welt und
des Menschen und der
menschlichen Charaktere,
und alles ist da mit Namen
genannt und gedeutet für
alle Zeiten.
Und wie viele gelöste und
offenbarte Geheimnisse!
Ich liebe dieses Buch.

FJODOR M. DOSTOJEWSKIJ

Quint Buchholz, Die Bücherwaage

> **D**iese Waage kann nicht stimmen – Oder etwa doch?

Eine Einführung in die Bibel

info *Das Wort »BIBEL« kommt von dem griechischen Wort »biblos«, welches »Buch« bedeutet. Die Schriften des Alten Testaments wurden ursprünglich in hebräischer, die des Neuen Testaments in griechischer Sprache geschrieben.*

Bastian findet ein Buch

Bastian wurde sich bewusst, dass er die ganze Zeit schon auf das Buch starrte, das Herr Koreander vorher in Händen gehalten hatte und das nun auf dem Ledersessel lag. Er konnte einfach seine Augen nicht abwenden davon. Es war ihm, als ginge eine Art Magnetkraft davon aus, die ihn unwiderstehlich anzog. Er näherte sich dem Sessel, er streckte die Hand aus, er berührte das Buch – und im gleichen Augenblick machte etwas in seinem Inneren »klick!«, so als habe sich eine Falle geschlossen. Bastian hatte das dunkle Gefühl, dass mit dieser Berührung etwas Unwiderrufliches begonnen hatte und nun seinen Lauf nehmen würde …

Wer niemals ganze Nachmittage lang mit glühenden Ohren und verstrubbeltem Haar über einem Buch saß und las und las und die Welt um sich her vergaß, nicht mehr merkte, dass er hungrig wurde oder fror –

Wer niemals heimlich beim Schein der Taschenlampe unter der Bettdecke gelesen hat, weil Vater oder Mutter oder sonst irgend eine besorgte Person einem das Licht ausknipste mit der gut gemeinten Begründung, man müsse jetzt schlafen, da man doch morgen so früh aus den Federn sollte –

Wer niemals offen oder im Geheimen bitterliche Tränen vergossen hat, weil eine wunderbare Geschichte zu Ende ging und man Abschied nehmen musste von den Gestalten, mit denen man gemeinsam so viele Abenteuer erlebt hatte, die man liebte und bewunderte, um die man gebangt und für die man gehofft hatte, und ohne deren Gesellschaft einem das Leben leer und sinnlos erschien –

Wer nichts von alledem aus eigener Erfahrung kennt, nun, der wird wahrscheinlich nicht begreifen können, was Bastian jetzt tat. Er starrte auf den Titel des Buches und ihm wurde abwechselnd heiß und kalt. Das, genau das war es, wovon er schon oft geträumt und was er sich, seit er von seiner Leidenschaft befallen war, gewünscht hatte: Eine Geschichte, die niemals zu Ende ging! Das Buch aller Bücher!

Er musste dieses Buch haben, koste es, was es wolle!

Michael Ende

Wie muss ein Buch sein, um solche Gefühle zu wecken?

info

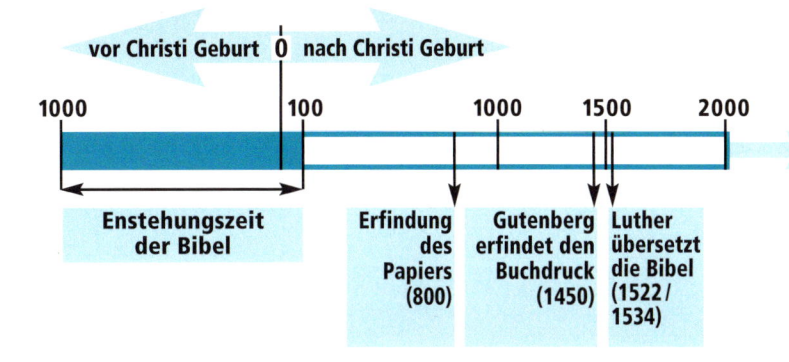

vor Christi Geburt 0 nach Christi Geburt

1000 — 100 — 1000 — 1500 — 2000

Enstehungszeit der Bibel

Erfindung des Papiers (800)

Gutenberg erfindet den Buchdruck (1450)

Luther übersetzt die Bibel (1522/1534)

Der Auftrag zum Weitererzählen

Wenn dich nun dein Sohn morgen fragen wird:
    Was sind das für Vermahnungen, Gebote und Rechte,
    die euch der Herr, unser Gott, geboten hat?
so sollst du deinem Sohn sagen:
    Wir waren Knechte des Pharao in Ägypten, und der Herr führte uns aus Ägypten mit mächtiger Hand; und der Herr tat große und furchtbare Zeichen und Wunder an Ägypten und dem Pharao und an seinem ganzen Hause vor unsern Augen und führte uns von dort weg, um uns hineinzubringen und uns das Land zu geben, wie er unsern Vätern geschworen hatte. Und der Herr hat uns geboten, nach all diesen Rechten zu tun, dass wir den Herrn, unsern Gott, fürchten auf dass es uns wohl gehe unser Leben lang.

5. MOSE 6,20–24

O Herr,
lass dein Wort nicht dadurch vergeblich sein,
dass wir es kennen und nicht lieben,
dass wir es hören und nicht tun,
dass wir ihm glauben und nicht gehorchen.
Öffne uns die Ohren und das Herz,
dass wir dein Wort recht fassen.

ALTES KIRCHENGEBET

> **info**
>
> **Bibelstellen** werden meist nur abgekürzt angegeben. Man schreibt z. B.: 2. Sam 15,1 und sagt: Das zweite Buch Samuel, Kapitel 15, Vers 1

Die Bibel ist eine Sammlung von vielen Büchern

Schlägt man das Inhaltsverzeichnis der Bibel auf, so entdeckt man, dass es innerhalb dieses Buches viele Bücher gibt.

Zunächst fällt die Einteilung in das Alte und das Neue Testament auf. »Testament« ist hier nicht die Nachlassverfügung eines Verstorbenen, sondern bedeutet soviel wie »Bund Gottes mit den Menschen«. Wobei das Alte Testament vom Bund mit Noah und das Neue Testament vom Bund mit Jesus zeugt.

Und dann findet man Überschriften, in denen das Wort »Buch« ausdrücklich vorkommt: Die fünf Bücher Mose, die Bücher der Geschichte des Volkes Gottes, die Lehrbücher und die Bücher der Propheten. Hier tauchen z. B. Titel auf wie »Das Buch der Richter«, »Das Buch Hiob«.

Nachdem die Geschichten um das Volk Gottes und die Geschehnisse um Jesus und die Anfänge der Kirche zunächst weitererzählt und später aufgeschrieben worden waren, beschloss man, sie zusammenzufassen und aus den vielen Büchern ein Buch zu machen, in dem die vielfältigen Erfahrungen der Menschen mit Gott festgehalten wurden.

Und das Wunderbare ist, dass diese Erfahrungen, die Menschen vor vielen hundert Jahren mit dem Leben und dem Glauben gemacht haben, heute noch aktuell sind, auch wenn die Verhältnisse sich geändert haben.

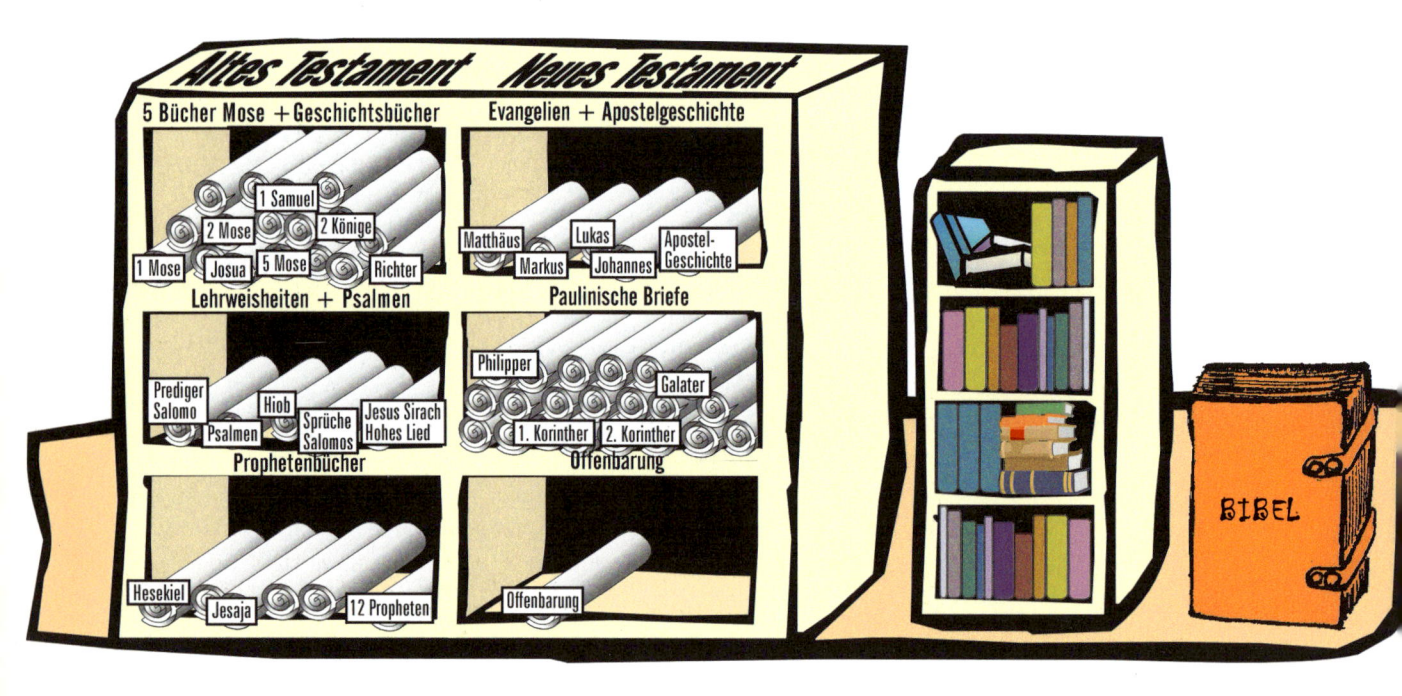

Verzeichnis der Bücher des Alten Testaments

Bezeichnung	Abkürzung	Inhalt
Die fünf Bücher Mose		
Das Buch Genesis	Gen (1. Mose)	Urgeschichte: Schöpfung, Sündenfall, Turmbau. Vätergeschichten: Abraham, Isaak, Jakob, Josef
Das Buch Exodus	Ex (2. Mose)	Auszug aus Ägypten, Wüstenwanderung, Offenbarung am Sinai, 10 Gebote
Das Buch Levitikus	Lev (3. Mose)	Gesetze insbesondere für den Gottesdienst
Das Buch Numeri	Num (4. Mose)	Stammeslisten, Gesetze, Eroberung des Ostjordanlandes
Das Buch Deuteronomium	Dtn (5. Mose)	Abschiedsrede des Mose und Sammlung von Geboten und Vorschriften
Die Bücher der Geschichte des Volkes Israel		
Das Buch Josua	Jos	Eroberung Kanaans unter Josua
Das Buch der Richter	Ri	Auseinandersetzung mit den Kanaanäern
Das Buch Rut	Rut	Geschichte von der Ausländerin Rut, der Stammesmutter Davids
Das erste Buch Samuel	1. Sam	Samuel als letzter Richter
Das zweite Buch Samuel	2. Sam	die Geschichte von Saul und David
Das erste Buch der Könige	1. Kön	Geschichte Israels vom Tod König Davids bis zur Zerstörung Jerusalems
Das zweite Buch der Könige	2. Kön	587/6 v. Chr.
Das erste Buch der Chronik	1. Chr	Weitere Darstellung der Geschichte Israels von Adam bis zur Zerstörung
Das zweite Buch der Chronik	2. Chr	Jerusalems 587/6 v. Chr.
Das Buch Esra	Esr	Rückkehr aus dem Exil
Das Buch Nehemia	Neh	und Neuanfang in Jerusalem
Das Buch Tobit *	Tob	Erzählungen von frommen
Das Buch Judit *	Jdt	und gesetzestreuen Israeliten
Das Buch Ester	Est	Die Rettung der Juden vor Verfolgung im Perserreich
Das erste Makkabäerbuch *	1. Makk	Geschichtserzählungen über die Auseinandersetzungen
Das zweite Makkabäerbuch *	2. Makk	gegen die Fremdherrschaft und die hellenistische Kultur
Die Lehrbücher und die Psalmen		
Das Buch Hiob (Ijob)	Hiob (Ijob)	Bewährung eines Frommen in Leiden und Not, Auseinandersetzung mit der Gerechtigkeit Gottes
Die Psalmen	Ps	Sammlung von Liedern, Gebeten und Gedichten
Die Sprüche Salomos	Spr	Sprichwörter und Lebensregeln für ein gutes und gottgefälliges Leben
Der Prediger Salomo (Kohelet)	Pred (Koh)	Betrachtung und Klage über die Nichtigkeit der Welt
Das Buch der Weisheit *	Weish	Sprichwörter und Lebensregeln
Das Buch Jesus Sirach *	Sir	
Das Hohelied	Hld	Sammlung von Liebesliedern
Die Bücher der Propheten		
Das Buch Jesaja	Jes	
Das Buch Jeremia	Jer	
Die Klagelieder	Klgl	Die prophetischen Bücher spiegeln das Auftreten von Männern wider,
Das Buch Baruch	Bar	die davon überzeugt waren, nicht in eigener Vollmacht, sondern im
Das Buch Hesekiel (Ezechiel)	Hes (Ez)	Auftrag Gottes zu reden. Die Propheten sahen sich dazu gesandt, ihrem
Das Buch Daniel	Dan	Volk das Gericht Gottes anzusagen. Sie kritisierten die Abkehr vom Gott
Das Buch Hosea	Hos	Israels, die Hinwendung zu fremden Göttern und soziale Ungerechtig-
Das Buch Joël	Joel	keiten. Bei manchen Propheten dominiert die Gerichtsankündigung,
Das Buch Amos	Am	andere sahen noch eine Chance zur Umkehr.
Das Buch Obadja	Obd	Nach der Katastrophe 587/6 sagen die Propheten Heil für Israel an.
Das Buch Jona	Jona	
Das Buch Micha	Mi	
Das Buch Nahum	Nah	
Das Buch Habakuk	Hab	
Das Buch Zefanja	Zef	
Das Buch Haggai	Hag	
Das Buch Sacharja	Sach	
Das Buch Maleachi	Mal	

* Diese Bücher gehören zu den so genannten Apokryphen (griech: die Verborgenen), die man in manchen Ausgaben der Lutherbibel als Anhang zum Alten Testament findet.

Tagebuch einer Bibel

20.01. Eine ruhige Woche verbracht. An den ersten Abenden des neuen Jahres hat mein Besitzer regelmäßig in mir gelesen, aber jetzt scheint er mich vergessen zu haben.

16.02. Heute war Frühjahrshausputz. Wurde mit anderen Dingen zusammen abgestaubt und dann an meinen Platz zurückgestellt.

24.03. Nach dem Frühstück vom Eigentümer benutzt. Er sah einige Stellen nach. Kam mit zum Gottesdienst.

08.05. Heute harte Arbeit. Besitzer leitete eine Bibelstunde und musste Verse nachschlagen. Fand sie meist nicht, obwohl sie immer noch an ihrem alten Platz stehen.

01.06. Heute hat jemand ein vierblättriges Kleeblatt zwischen meine Seiten gelegt.

29.06. Wurde mit Kleidern und anderen Sachen in den Koffer gepackt soviel ich merke, sind wir auf Ferienreise.

10.07. Bin immer noch im Koffer, obwohl fast alles herausgenommen wurde.

15.07. Wieder daheim am alten Platz. Ziemlich anstrengende Reise. Kann nicht einsehen, warum ich mitfahren musste.

10.08. Wurde von Marie benutzt. Sie schrieb ihrer Freundin und suchte einen passenden Vers, weil deren Vater gestorben war.

30.08. Wurde wieder einmal abgestaubt.

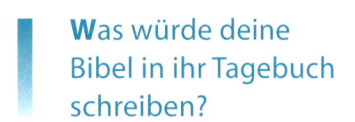

Was würde deine Bibel in ihr Tagebuch schreiben?

Man muss immer wieder die Schrift lesen, selbst wenn eine solche Wanderung wie durch leere Wüste zu führen scheint. Plötzlich begegnen sich dann doch immer die eigenen Lebenssituationen und ein Wort der Schrift und erhellen sich gegenseitig.
KARL RAHNER

Abraham

Im ersten Buch Mose wird in den Vätergeschichten von Abraham erzählt. Abraham gilt wegen seines bedingungslosen Vertrauens zu Gott als Vater des Glaubens für Juden, Christen und Muslime.

Der Aufbruch ins Ungewisse

Und Gott sprach zu Abraham: Geh aus deinem Vaterland und deiner Verwandtschaft und aus deines Vaters Haus in ein Land, das ich dir zeigen will. Und ich will dich zum großen Volk machen und will dich segnen und dir einen großen Namen machen und du sollst ein Segen sein. Ich will segnen, die dich segnen, und verfluchen, die dich verfluchen; und in dir sollen gesegnet werden alle Geschlechter auf Erden. Da zog Abraham aus, wie der Herr zu ihm gesagt hatte.

1. Mose 12,1–4a

> **G**ott spricht Abraham vor seinem Aufbruch zwei Verheißungen zu. Kannst du sie herausfinden?
> **A**ußerdem segnet Gott Abraham auf dreifache Weise. Was versteht man unter einem Segen?
> **A**uch heute noch verlassen viele Menschen ihre Heimat. Aus welchen Gründen?

Aufgrund des Glaubens gehorchte Abraham dem Ruf, wegzuziehen aus seinem Land, das er zum Erbe erhalten sollte; und er zog weg, ohne zu wissen, wohin er kommen würde.
Hebr 11,8

Wege ins Ungewisse

info *Im alten Israel wurden* **Kinder** *als Gabe Gottes empfunden. Deshalb galt auch die Unfruchtbarkeit einer Frau als gottgewollt. Falls eine Ehe kinderlos blieb, durfte der Mann eine zweite Frau heiraten oder der Mann zeugte mit der Sklavin seiner Frau ein Kind. Dieses Kind galt dann von Rechts wegen als Kind des Ehepaares und war als solches erbberechtigt.*

Zweifel an der Verheißung

Zehn Jahre lebte Abraham bereits in Kanaan und seine Frau Sara hatte ihm noch immer keine Kinder geboren. Eines Tages sagte sie zu Abraham: »Der Herr hat mir Kinder versagt. Geh doch zu meiner Magd Hagar, der Ägypterin. Vielleicht lebe ich durch sie in einem Sohn weiter.« Abraham hörte auf Sara. Er ging zu Hagar und schlief mit ihr. Als sie schwanger wurde, verlor Hagar die Achtung vor ihrer Herrin und behandelte sie herablassend. Daraufhin sagte Sara zu Abraham: »Eigentlich solltest du das Unrecht erleiden, denn ich habe dir meine Sklavin überlassen. Seit sie bemerkt hat, dass sie ein Kind bekommt, verachtet sie mich. Ich rufe den Herrn als Richter an!« Abraham beschwichtigte sie: »Sie ist deine Sklavin, also mach mit ihr, was du willst!«

Danach behandelte Sara Hagar so schlecht, dass diese davonlief. Erschöpft rastete sie an einem Brunnen in der Wüste. Der Engel Gottes kam zu ihr und sprach sie an. Da erzählte Hagar von ihrem Unglück. Der Engel aber forderte sie auf, zu ihrer Herrin zurückzukehren und sich ihr unterzuordnen. Und er sprach: »Der Herr wird dir so viele Nachkommen geben, dass du sie nicht zählen kannst. Und den Sohn, den du bald bekommen wirst, sollst du Ismael nennen, das bedeutet ›Gott hört‹, denn der Herr hat deinen Hilferuf erhört.« Und Hagar ging zurück und gebar Abraham einen Sohn, den er Ismael nannte.

Damals war Abraham sechsundachtzig Jahre alt.

Erzählt nach 1. Mose 16,1–16

Die scheinbar einfache Lösung des Problems bringt für alle Betroffenen vielerlei Konflikte mit sich. Welche?

Und Gott erschien Abraham im Hain von Mamre in Gestalt dreier Männer. Abraham bewirtete die Gäste und sie fragten: Wo ist Sara, deine Frau? Er antwortete: Drinnen im Zelt. Da sprach der Herr durch einen der Männer: Ich will wieder zu dir kommen übers Jahr, dann soll Sara, deine Frau, einen Sohn haben. Das hörte Sara hinter der Tür des Zeltes. Und da sie beide, Abraham und Sara, alt waren, lachte sie. Nach 1 Mose 18,1–12

Erfüllung der Verheißung

Gott nahm sich Saras an, wie er gesagt hatte. Sie wurde schwanger und gebar Abraham einen Sohn, genau zu der Zeit, von der der Herr gesprochen hatte. Und Abraham nannte das Kind Isaak. Isaak bedeutet im Hebräischen »Er (Gott) lacht.« Als Isaak acht Tage alt war, beschnitt ihn Abraham, wie ihm der Herr geboten hatte. Und Sara sagte: »Gott ließ mich lachen und jeder, der davon hört, wird mit mir lachen. Wer hätte je Abraham zu sagen gewagt, dass ich noch Kinder stillen werde? Und nun habe ich ihm in seinem hohen Alter einen Sohn geboren.« Das Kind wuchs heran und wurde von der Mutterbrust entwöhnt. Und an dem Tag, an dem Isaak entwöhnt wurde, gab Abraham ein großes Festmahl.

Eines Tages beobachtete Sara, wie Ismael, der Sohn der Ägypterin, herumtollte, und sie bat Abraham: »Vertreibe die Magd und ihren Sohn. Denn ihr Sohn soll nicht mit meinem Sohn Erbe werden.« Abraham missfielen diese Worte, aber der Herr sprach zu ihm: »Mach dir wegen des Jungen und der Magd keine Sorgen. Höre auf Sara. Denn nach Isaak sollen deine Nachkommen benannt werden. Doch auch Ismael will ich zu einem großen Volk machen, weil auch er dein Nachkomme ist.« Daraufhin schickte Abraham Hagar und Ismael fort und der Herr war mit dem Jungen.

Erzählt nach 1. Mose 21,1–20

Hier erfüllt sich Gottes Verheißung schließlich doch, aber die Situation ist schwierig. Wodurch?
Vor der Erfüllung der Verheißung waren Abraham und Sara von Gott enttäuscht. Uns geht es manchmal ebenso. Weshalb?

Aufgrund des Glaubens empfing selbst Sara die Kraft, trotz ihres hohen Alters noch Mutter zu werden; denn sie hielt den für treu, der die Verheißung gegeben hatte.
Hebr 11,11

> **info** Bei den Nachbarn Israels, den Phöniziern, den Ammonitern und den Moabitern, aber auch in Ägypten und Kanaan waren **Kinderopfer** üblich. Man versuchte dadurch, die Götter gnädig zu stimmen.

Die dunkle Geschichte

Gott versuchte Abraham und sprach zu ihm: Nimm deinen Sohn, deinen einzigen, den du liebst, den Isaak, und geh in das Land Morija und bringe ihn dort auf einem Berge, den ich dir sagen werde, als Brandopfer dar. Da stand Abraham früh am Morgen auf, sattelte seinen Esel und nahm seinen Sohn Isaak mit. Er spaltete Holz zum Brandopfer und machte sich auf und ging zu dem Ort, den Gott ihm genannt hatte. Als Abraham am dritten Tag seine Augen erhob, sah er den Ort von ferne. Er lud das Holz für das Brandopfer seinem Sohn auf und nahm das Feuer und das Messer in die Hand. Da sprach Isaak zu seinem Vater: Hier ist Feuer und Holz. Wo aber ist das Lamm zum Brandopfer? Abraham antwortete: Gott wird sich ein Lamm zum Brandopfer ersehen, mein Sohn. So gingen die beiden miteinander. Und als sie an den Ort kamen, den Gott genannt hatte, baute Abraham dort den Altar, er schichtete das Holz auf, er band seinen Sohn Isaak und legte ihn auf den Altar, oben auf das Holz. Dann streckte Abraham seine Hand aus und nahm das Messer, um seinen Sohn zu schlachten. Da rief ihm der Engel des Herrn vom Himmel her zu: Abraham! Abraham! Strecke deine Hand nicht aus gegen den Jungen, und tu ihm nichts zuleide! Denn jetzt weiß ich, dass du gottesfürchtig bist, da du deinen Sohn, deinen einzigen, mir nicht vorenthalten hast. Und als Abraham aufschaute, siehe, da hatte ein Widder sich hinter ihm mit seinen Hörnern im Gestrüpp verfangen. Da ging Abraham hin, nahm den Widder und brachte ihn anstelle seines Sohnes als Brandopfer dar. Abraham nannte jenen Ort »wo der Herr sieht«.

1. Mose 22,1–14 (gekürzt)

Jan Lievens, Abraham und Issak umarmen einander nach dem Opfer

> **L**iest man die Geschichte auf dem Hintergrund der Opfergebräuche anderer Völker, dann wird deutlich, dass Gott zwar Gehorsam fordert, Kinderopfer aber ablehnt.
> **D**ie Geschichte zeigt auch die »dunkle Seite« Gottes. Kennst du Situationen, in denen es schwer fällt, am Glauben an Gott festzuhalten?

Aufgrund des Glaubens brachte Abraham den Isaak dar, als er auf die Probe gestellt wurde, und gab den einzigen Sohn dahin, er, der die Verheißung empfangen hatte und zu dem gesagt war: Durch Isaak wirst du Nachkommen haben. Er verließ sich darauf, dass Gott sogar die Macht hat, Tote zum Leben zu erwecken; darum erhielt er Isaak zurück. Das ist ein Sinnbild.

Hebr 11,17–19

Königsgeschichten

Im ersten und zweiten Buch Samuel und im ersten Buch der Könige werden die Lebensgeschichten dreier Männer erzählt, die beispielhafte Erfahrungen mit Gott gemacht haben: Saul, David und Salomo.

Die Stämme Israels und ihre Nachbarn

Etwa 1000 Jahre vor Christi Geburt lebten die 12 Stämme Israels in Palästina. Ihre Namen waren Dan, Naftali, Asser, Sebulon, Issachar, Manasse, Efraim, Gad, Benjamin, Ruben, Juda und Simeon. Palästina hieß die Landschaft zwischen dem östlichen Mittelmeer und der Jordanebene. Die Stämme siedelten in dem Gebiet, das sich nördlich des Sees Genezareth, entlang des Jordans bis südlich des Toten Meeres erstreckte.

Die Menschen waren Bauern und Hirten. Ihre gemeinsame Sprache war Hebräisch und es verband sie das Bekenntnis zu Jahwe, wie Gott im Alten Testament genannt wird. Jahwe hatte das Volk aus der Knechtschaft in Ägypten in dieses Land der Verheißung geführt. Er hatte mit ihnen einen Bund geschlossen und ihnen ihre Lebensordnung – die Tora – in den 5 Büchern Mose geschenkt.

Bei der Besiedlung des Landes hatten die Israeliten andere Völker vertrieben, z. B. Philister, Kanaaniter, Phönizier, Ammoniter, Moabiter und Edomiter. Diese versuchten nun ihrerseits, das Land zurückzuerobern.

Das Siedlungsgebiet der Stämme des Volkes Israel um 1000 v. Chr.

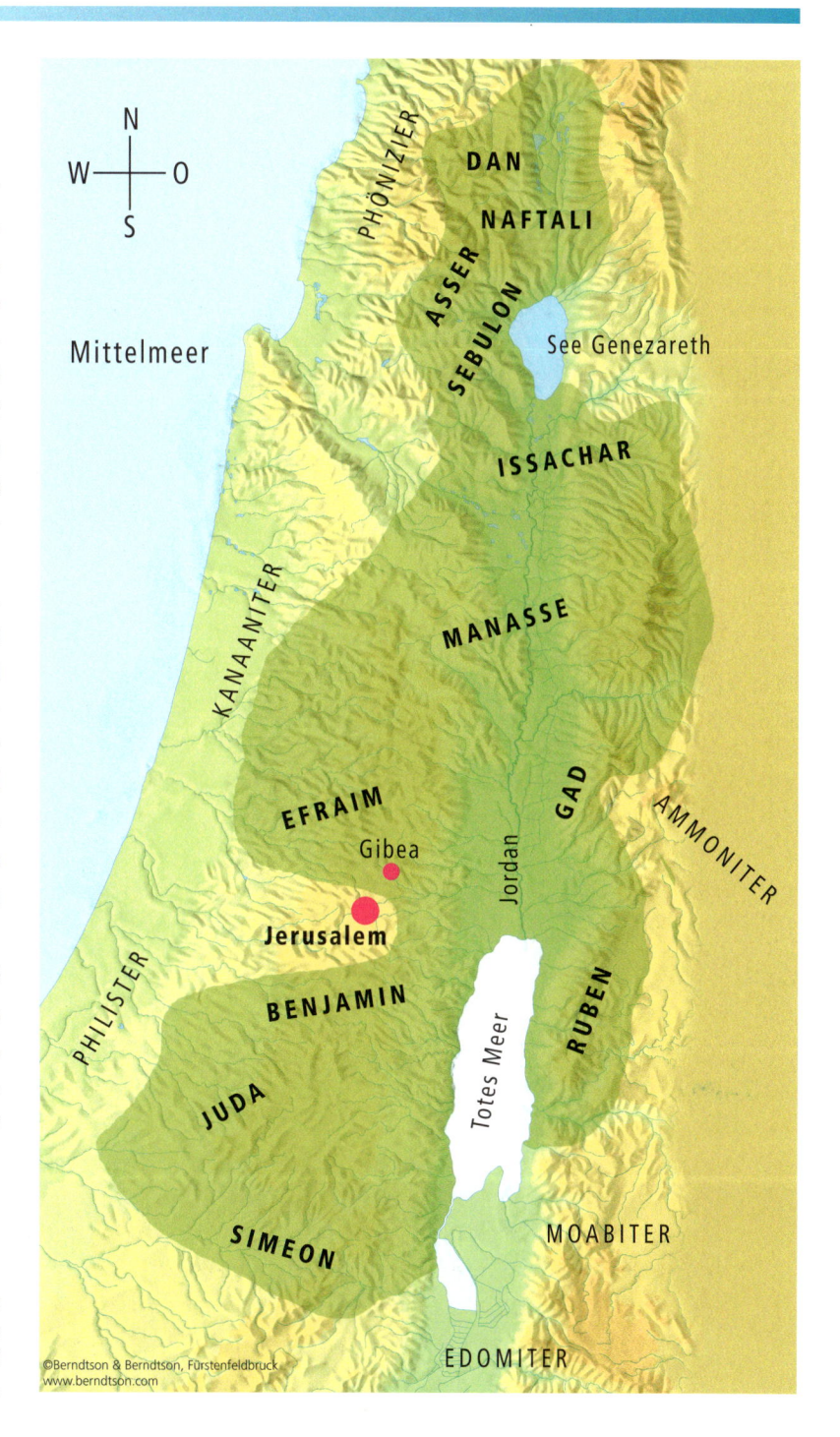

info Für die Israeliten hatte es bisher nur einen König gegeben, und das war Gott. An ihn wandten sie sich in der Bedrängnis, er gab ihnen Zeichen und sprach zu ihnen durch besondere Menschen, z. B. durch die Männer, die er berief, den Kampf der Israeliten gegen die Feinde anzuführen. Diese Männer wurden **Richter** genannt.

König oder Gott?

Auf einer Weide nahe bei Bethlehem unterhält sich Jussuf, der einmal Soldat werden will, mit Jachmai, dem Hirten. Natanael, ein Bauer aus dem Stamm Efraim, stürzt keuchend herbei. »Schalom, Freunde. Schreckliches ist passiert! Bei uns sind wieder die Philister, zum dritten Mal schon in diesem Jahr! Sie haben alle unsere Rinder und Schafe geraubt. Sie haben uns gar nichts mehr gelassen. Ihre Waffen sind aus Eisen. Und wir hatten nur Stöcke und ein paar stumpfe Schwerter aus Erz.« Da fällt ihm Jussuf ins Wort. »Das ist es eben, gegen die Philister sind wir hilflos. Aber wir könnten sie besiegen, wenn sich unsere Stämme vereinigten. Zwölf Stämme sind wir. Aber jeder lebt für sich. Oft sind wir sogar zerstritten. Früher gab es wenigstens noch einige gute Führer, die aufstanden, wenn die Not groß war, die wehrhaften Männer um sich versammelten und das Unrecht rächten. Keiner hilft uns, auch Gott nicht. Und er hat doch unseren Vätern versprochen, immer bei uns zu sein. Wir müssen uns jetzt eben selber helfen! Wir brauchen einen König!«

Da weist Jachmai den aufgebrachten jungen Mann zurecht: »Versündige dich nicht, Jussuf. Gott ist bei uns und er bleibt bei uns. Er hat unserem Volk doch schon immer irgendwie geholfen. Er ist unser König, er allein. Niemals kann in unserem Volk ein Mensch König sein. Wir vertrauen nur auf Gott. Wenn wir in Not sind, dann sind wir selber schuld. Gott verlässt uns, weil wir ihn verlassen haben und fremden Göttern gefolgt sind.«

Rainer Streng

Rechts: Marc Chagall, Saul empfängt die Salbung zum König

Wie könnte der Streit ausgegangen sein? **W**elche Vor- und Nachteile könnte es mit sich bringen, wenn statt Gott ein Mensch zum König der Israeliten wird?

37

info **Samuel** wuchs am Heiligtum von Schilo auf, wo die Bundeslade aufbewahrt wurde. Die Menschen achteten ihn, weil er im Auftrag Gottes redete und handelte. Er war Priester und der letzte Richter Israels. Samuel salbte Saul zum ersten König Israels. Die **Salbung** bereitete diesen auf den Empfang des göttlichen Geistes vor und machte ihn für andere Menschen unantastbar.

Saul wird zum König gesalbt

Damals lebte in Benjamin in der Sippe Matri ein Mann namens Kisch. Er hatte einen Sohn, Saul, der jung und schön war; kein anderer unter den Israeliten war so schön wie er; er überragte alle um Haupteslänge. Eines Tages verliefen sich die Eselinnen von Sauls Vater. Da schickte Kisch seinen Sohn mit einem Knecht aus, die Eselinnen zu suchen. Saul und der Knecht durchquerten ein weites Gebiet, fanden die Tiere aber nicht. Schließlich schlug Saul vor umzukehren. »Sonst macht sich mein Vater um uns mehr Sorgen als um die Eselinnen.« Der Knecht aber wies auf die vor ihnen liegende Stadt »Dort oben wohnt ein Gottesmann. Er ist sehr angesehen; alles, was er sagt, trifft mit Sicherheit ein. Lasst uns zu ihm gehen; vielleicht kann er uns sagen, welchen Weg wir hätten nehmen sollen.« Saul zögerte, stimmte dann aber zu.

Sie gingen in die Stadt hinauf und als sie in der Mitte der Stadt angekommen waren, kam ihnen Samuel entgegen, der gerade auf dem Weg zum Heiligtum war. Der Herr aber hatte Samuel, einen Tag bevor Saul kam, offenbart, dass er ihm einen Mann schicken wolle, der aus dem Gebiet Benjamins kam. »Ihn sollst du zum Fürsten meines Volkes salben. Er wird mein Volk aus der Gewalt der Philister befreien; denn ich habe die Not meines Volkes Israel gesehen und sein Hilfeschrei ist zu mir gedrungen.« Als Samuel Saul sah, sagte der Herr zu ihm: »Das ist der Mann. Der wird über mein Volk herrschen.«

Saul trat auf Samuel zu und fragte ihn, wo er den Gottesmann finden könnte. Samuel antwortete: »Ich bin es.« Und er lud ihn ein, mit ihm zu essen.

Am nächsten Morgen wollte er ihn ein Stück des Weges begleiten und ihm Antwort auf alle Fragen geben. »Und um die Eselinnen, die du vor drei Tagen verloren hast, sorge dich jetzt nicht; sie sind gefunden.« Saul glaubte ihm, nahm die Einladung an und aß mit Samuel und dreißig anderen geladenen Gästen.

Am nächsten Morgen weckte Samuel ihn und begleitete ihn ein Stück des Wegs. Und als sie aus der Stadt herauskamen, sprach Samuel zu Saul: »Sage deinem Knecht, dass er uns vorangehen soll. Du aber steh jetzt still, dass ich dir kundtue, was Gott gesagt hat.« Da nahm Samuel den Krug mit Öl und goss es auf Sauls Haupt und küsste ihn und sprach: »Siehe, der Herr hat dich zum König über sein Erbteil gesalbt.« Und als Saul sich abwandte, um von Samuel wegzugehen, verwandelte Gott sein Herz.

Zu Hause fanden sie tatsächlich die Eselinnen. Saul erzählte von seiner Begegnung mit Samuel und dass dieser mit Bestimmtheit gesagt hatte, dass die Eselinnen gefunden worden waren. Die Sache mit dem Königtum aber, von der Samuel gesprochen hatte, erwähnte er nicht.

Erzählt nach
1. Sam 9,1–10,16

Die Philister hatten sich um das Jahr 1200 v. Chr. an der östlichen Mittelmeerküste niedergelassen. Sie brachten die Kunst der Herstellung von Eisenwaffen nach Palästina. Zu allen Zeiten waren sie erbitterte Feinde der Israeliten.

Saul wird zum König gewählt

Samuel rief das Volk zum Herrn nach Mizpa zusammen. Er sagte zu den Israeliten: »So spricht der Herr, der Gott Israels: ›Ich habe Israel aus Ägypten herausgeführt, ich habe euch aus der Gewalt der Ägypter befreit und aus der Gewalt all der Königreiche, die euch bedrängt haben. Ihr aber habt euren Gott verworfen, der euer Retter in allen Nöten und Bedrängnissen war, und ihr habt gesagt: Du sollst einen König bei uns einsetzen‹. Stellt euch jetzt also vor dem Herrn auf, geordnet nach euren Stämmen und Tausendschaften, um das Los zu werfen.«
Das Los fiel auf den Stamm Benjamin. Darauf ließ er den Stamm Benjamin geordnet nach seinen Sippen antreten und das Los fiel auf die Sippe Matri. Und schließlich fiel das Los auf Saul, den Sohn des Kisch. Als er mitten unter das Volk trat, überragte er alle um Haupteslänge.
Und Samuel sagte: »Habt ihr gesehen, wen der Herr erwählt hat? Keiner ist ihm gleich.« Da jubelte das Volk und rief: »Es lebe der König!«
Samuel machte dem Volk das Königsrecht bekannt, schrieb es in ein Buch und legte das Buch vor dem Herrn nieder. Aber nicht alle achteten ihn.

Erzählt nach 1. Sam 10,17–27

Beide Erzählungen machen unterschiedliche Aussagen darüber, wie Saul König wurde. Wie erklärst du dir das?
Völlig unerwartet erhält Saul eine große Auszeichnung und muss dann einen Platz einnehmen, mit dem er nicht gerechnet hat. Ob ihm die Aufgabe gefällt?

Wir denken an die Politikerinnen und Politiker
in unserer Stadt und in unserem Land.
Schenke ihnen Offenheit,
dass sie uns ehrlich sagen,
welcher Art die Probleme sind
und wo sie unsicher sind in ihrem Urteil.
Schenke ihnen Phantasie,
dass sie Auswege finden für die Zukunft.
Lass uns kritische Partner für sie sein.
Amen.

GEBET FÜR DIE, DIE POLITISCHE VERANTWORTUNG TRAGEN

Als Saul die Königsherrschaft über Israel erlangt hatte, kämpfte er gegen alle seine Feinde ringsumher: gegen die Moabiter, die Ammoniter, die Edomiter, gegen die Könige von Zobas und gegen die Philister. Und wo er sich hinwandte, da gewann er den Sieg. Und er vollbrachte tapfere Taten und schlug die Amalekiter und errettete Israel aus der Hand aller, die es ausplünderten. Es war aber der Krieg gegen die Philister schwer, solange Saul lebte.

1. Sam 14,47–52a

Und so könnte es sich zugetragen haben:

David kommt an den Königshof

So spricht König Saul zu Isai aus Bethlehem: »Sende deinen Sohn David zu mir!«
Die beiden Burschen hatten fein gewobene Kleider, denn sie kamen vom Hof des Königs. Grob war dagegen der Überwurf Davids, wie ihn die Hirten trugen. Isai lud David einen Beutel mit zehn Fladen Brot und einen Schlauch mit Wein auf die Schultern und gab ihm ein Ziegenböcklein am Strick als Geschenk für den König mit. Als sie Bethlehem nicht mehr sahen und die begleitende Menge aus dem Ort zurückgekehrt war, fingen die Burschen an zu reden: »Du hast Glück, wir beneiden dich, denn du darfst in der Nähe des Königs sein und für ihn auf der Laute spielen. Jetzt gib Acht, dass du alles richtig machst.« Die beiden waren so alt wie David und ihre Augen leuchteten, wenn sie davon sprachen, was David am Hofe erwartete: »Wir sagen dir, was du am Hofe tun musst.« Zuerst übten sie die richtige Begrüßung. »Du musst dich vor dem König niederwerfen.« David blieb stehen: »Niederwerfen? Warum?« Die Burschen lachten: »Das hat man bei den Schafen nicht gelernt! So geht es eben am Hofe des Königs zu, denn der König ist mächtig. Er kann belohnen und töten. Er muss nur seinen Leuten Befehl geben. Die machen alles, was er sagt. Dann gaben sie ihm weiter Unterricht: »Wenn du angemeldet wirst, ruft der Sprecher: ›Der Sohn Isais‹, dann erst gehst du nach vorn bis zum Thron.« Der Bursche legte eine Hand auf Davids Schulter. »Der König hat nur Gutes von dir gehört, darum musst du die Stunde nutzen. Und wenn du dich niedergeworfen hast und der König fragt: ›Bist du der Sohn Isais? Und verstehst du dich aufs Saitenspiel?‹, dann sagst du: ›Dein Knecht, mein Herr, kann etwas auf der Laute spielen.‹ Und wenn du auf der Laute gespielt hast, und der König dich lobt oder dir ein Geschenk gibt, sagst du: ›Wenn dein Knecht nur Gnade gefunden hat in den Augen seines Herrn, des Königs.‹ David musste lachen. »Geht ihr bei Hofe überhaupt noch aufrecht oder nur gebückt?« Eine Weile gingen sie schweigend. Dann fing David an: »Und Saul? Warum …?« Er stockte. Da er sich mit den Burschen gut verstand, wollte er etwas von dem Geheimnis Sauls wissen. Jetzt suchte er nach Worten. Und die Burschen hatten sofort verstanden. »Du meinst, warum er vom bösen Geist geplagt wird? Das kann man sich einfach erklären: Er hat kein Glück im Kampf gegen die Philister. Sie sind auch viel stärker. Unter ihnen gibt es sogar Riesen. Und sie lernen das Kriegshandwerk von klein auf. Und sie tun nichts anderes als kämpfen. Dazu haben sie die neuesten und besten Waffen aus Eisen. Manchmal sind alle niedergeschlagen, weil wir so wenig gegen die Übermacht ausrichten können.« So verging die Zeit auf dem Weg nach Gibea in eifriger Rede. Und Davids Gesicht hellte sich langsam auf. Und als er mit den beiden Burschen in die Burg von Gibea trat, war es ihm, als ob er sie schon ganz lange gekannt hätte.
Gustav Franz

Rechts: Michelangelo, David

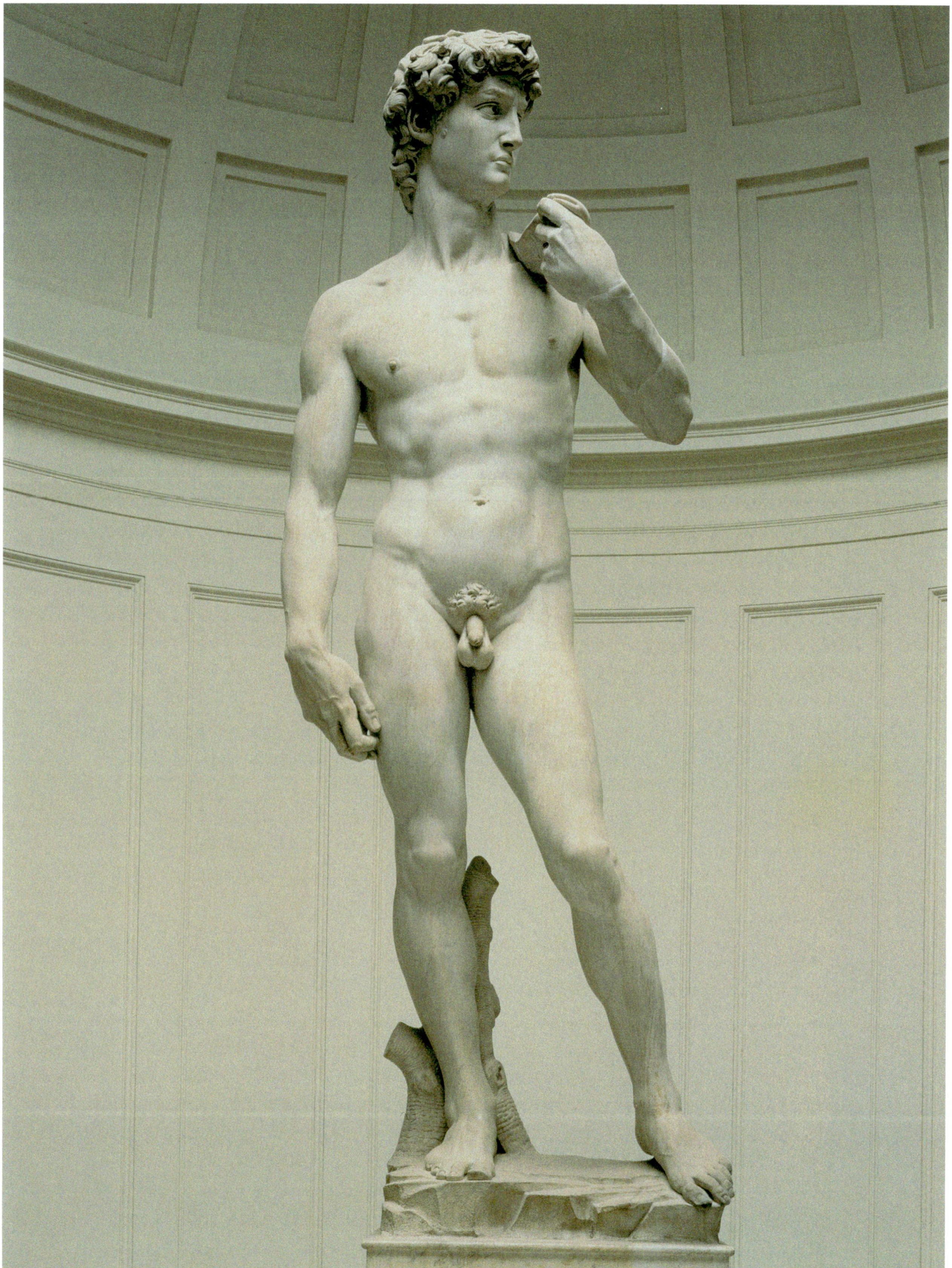

info *David spielte für Samuel auf einer **Laute** oder Leier, zu jener Zeit Kinnor genannt. Das Instrument bestand aus einem hölzernen Klangkörper, über den sieben Saiten gespannt waren. Die Saiten wurden gezupft, um eine Melodie zu erzeugen.*

Rechts: Otto Dix, Saul und David

David im Selbstgespräch

» Eigentlich bin ich ein Bauernjunge. Schafe hüten war meine tägliche Aufgabe. Doch seit ein paar Wochen ist alles anders geworden. Ich gehöre zu den Bediensteten am Königshof. Ich bekam schöne Kleider und Waffen und mit dem Sohn des Königs habe ich auch schon Freundschaft geschlossen. Erst habe ich mich sehr über mein neues Leben gefreut. Aber seit gestern ist alles anders. König Saul ist seit einiger Zeit sehr verändert. Von einem Moment zum anderen schlägt seine Stimmung um. Eben noch stand der tapfere König vor dir, jetzt ist es nur noch ein finsterer Mann, der vor sich hinbrütet und starr aus dem Fenster in die Ferne sieht. Manchmal bekomme ich richtig Angst vor ihm.

Doch ein Mittel hat bisher immer geholfen. Wenn ich meine Laute nehme und zu spielen beginne, dann geht eine Verwandlung mit dem König vor sich. Sein eben noch stierer Blick wird langsam freundlicher. In sein Gesicht kommt wieder Bewegung und manchmal habe ich nach einer Stunde fast das Gefühl, dass der König leise mitsummt. Dann bin ich froh und danke Gott dafür, dass er mich hierher an den Hof gebracht hat.

Aber: Seit Saul bemerkt hat, dass andere Leute mich sehr schätzen, hat sich etwas bei ihm verändert. Wenn es ihm gut geht, dann macht er schon mal einen Scherz: »Ich glaube, die Leute möchten dich zum König haben.« Aber ich glaube, das meint er nicht ernst. Wenn es ihm aber schlecht geht, dann entwickelt er so einen Zorn gegen mich, dass ich gar nicht weiß, was ich tun soll. Manchmal hilft es, wenn ich ein besonders schönes Lied spiele. Dann beruhigt er sich wieder.

Aber vorgestern hat alles Spielen nichts mehr genützt. Von Minute zu Minute wurde der König gereizter. Als ich sah, dass er zu seinem Speer griff, zuckte ich zusammen. Dann geschah das Unfassliche. Ich konnte mich gerade noch bücken, sonst wäre es um mich geschehen gewesen. Ich stürzte gleich aus dem Zimmer und versteckte mich. Einer von Sauls Leuten fand mich. Er sagte: »Dem König tut Leid, was geschehen ist. Komm und spiel wieder für ihn!« Doch, was soll ich nun tun? Ob ich den nächsten Wutanfall des Königs überlebe? Soll ich fliehen ... heim zu meiner Familie gehen? Aber: Ob ich jemals wieder so eine große Chance bekomme? «
Gerhard Büttner

■ **Wie würdest du dich entscheiden?**

**Die Musik ist die beste Gottesgabe.
Durch sie werden viele und große Anfechtungen verjagt.
Musik ist der beste Trost für einen verstörten Menschen, auch wenn er nur ein wenig zu singen vermag.
Sie ist eine Lehrmeisterin, die die Leute gelinder, sanftmütiger und vernünftiger macht.**

MARTIN LUTHER

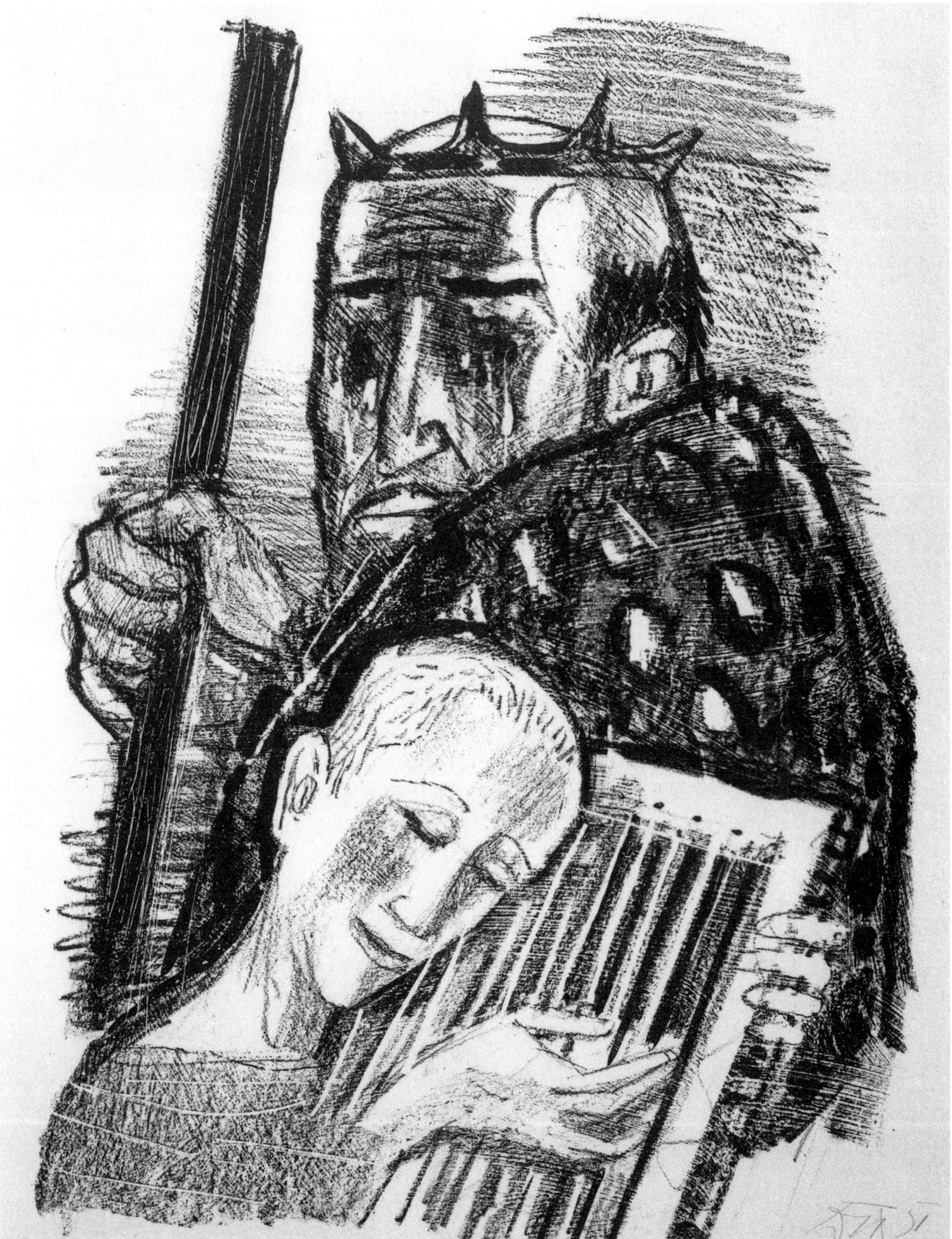

> **info** In dem Gedicht von Matthias Claudius kommen einige Fremdwörter vor. Ein »**drap d'argent**« ist ein Silbertuch, »**nach advenant**« lässt sich am ehesten mit »den Umständen entsprechend« übersetzen, ein »**Sarras**« ist ein schwerer Säbel, ein »**Tressenhut**« ist ein Hut, der mit Bändern verziert oder mit militärischen Rangabzeichen besetzt ist, und ein »**Weberbaum**« ist der Balken an einem Webstuhl.

Rechts: Annegret Fuchshuber, David und Goliath

Die Geschichte von Goliath und David

War einst ein Riese Goliath,
Gar ein gefährlich Mann!
Er hatte Tressen auf dem Hut
Mit einem Klunker dran,
Und einen Rock von Drap d'argent
Und alles so nach advenant.

An seinem Schurrbart sah man nur
Mit Gräsern und mit Graus
Und dabei sah er von Natur
Pur wie der – aus.
Sein Sarras war, man glaubt es kaum,
So groß schier als ein Weberbaum.

Er hatte Knochen wie ein Gaul,
Und eine freche Stirn,
Und ein entsetzlich großes Maul
Und nur ein kleines Hirn;
Gab jedem einen Rippenstoß.
Und flunkerte und prahlte groß.

So kam er alle Tage her
Und sprach Israel Hohn.
»Wer ist der Mann? Wer wagt's mit mir?
Sei Vater oder Sohn,
Er komme her, der Lumpenhund,
Ich box'n nieder auf den Grund.«

Da kam in seinem Schäferrock
Ein Jüngling zart und fein;
Er hatte nichts als seinen Stock,
Als Schleuder und den Stein,
Und sprach: »Du hast viel Stolz und Wehr,
Ich komm' im Namen Gottes her.«

Und damit schleudert' er auf ihn,
Und traf die Stirne gar,
Da fiel der große Esel hin,
So lang und dick er war.
Und David haut' in guter Ruh
Ihm nun den Kopf noch ab dazu.

Trau nicht auf deinen Tressenhut,
Noch auf den Klunker dran!
Ein großes Maul es auch nicht tut:
Das lern vom langen Mann;
Und von dem Kleinen lerne wohl:
Wie man mit Ehren fechten soll.

MATTHIAS CLAUDIUS

> **V**ergleiche hiermit die biblische Geschichte in 1. Sam 17,1–54. **K**annst du dir vorstellen, mit einer Steinschleuder gegen einen Panzer etwas auszurichten?

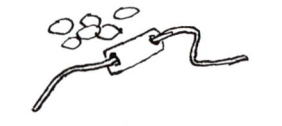

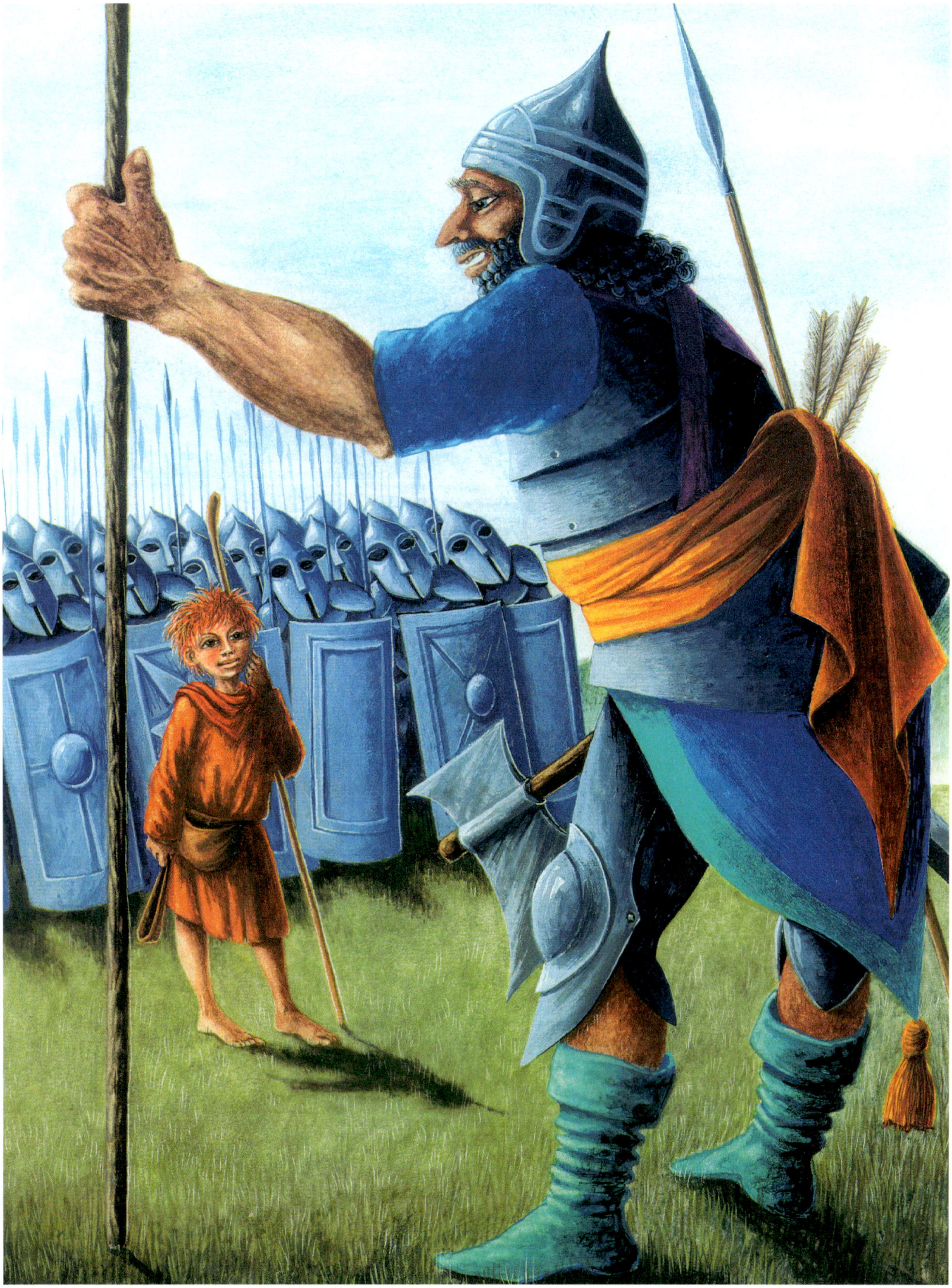

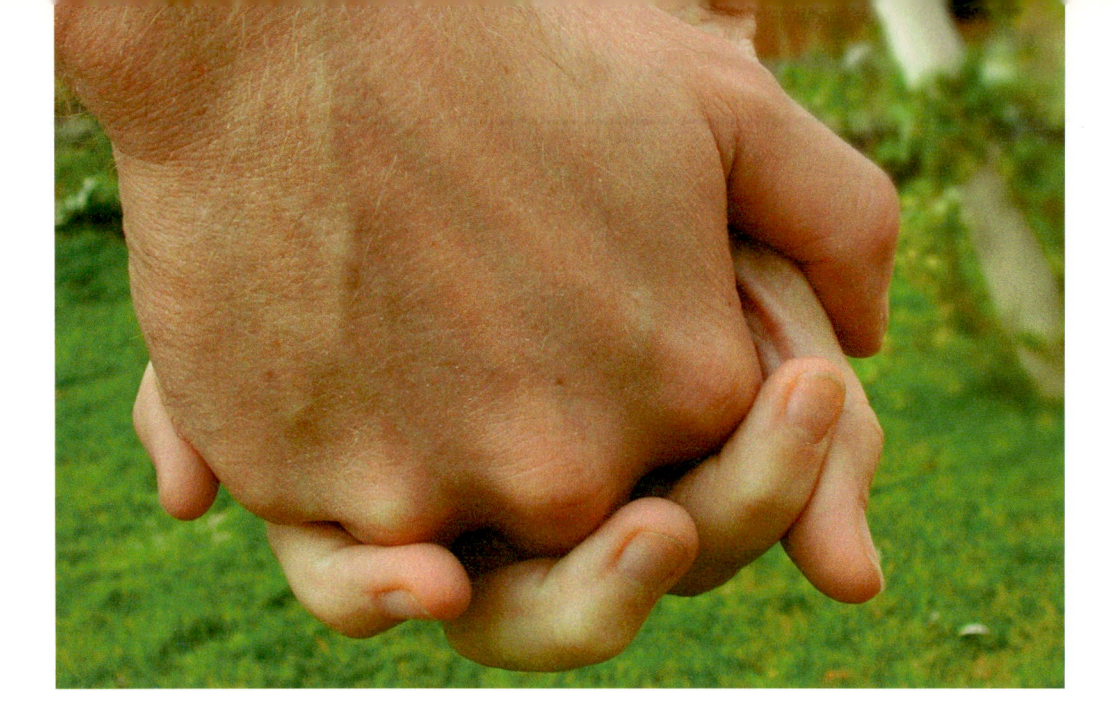

Eine bedrohte Freundschaft

❯❯ Ich bin Jonatan, König Sauls Sohn und Davids Freund. Ich lernte David kennen, als er zu uns an den Hof kam. Wir mochten uns gleich vom ersten Augenblick an und haben einen richtigen Freundschaftsbund miteinander geschlossen. Meinem Vater gefiel das sehr. »Wenn ihr euch gut versteht, wird David gern bei uns bleiben. Du weißt, wie sehr ich sein Harfenspiel liebe.« So hat mein Vater gesagt. Doch seit einiger Zeit ist alles ganz anders geworden. Seit David bei den Leuten wegen seiner Tapferkeit so beliebt geworden ist, will Vater David töten. »Solange David lebt, ist mein und dein Königtum in Gefahr. David will es uns wegnehmen!«, hat Vater gesagt. Und wenn ich sehe, wie beliebt David bei den Leuten ist und wie sehr manche an meinem Vater zu zweifeln beginnen, denke ich, er hat nicht ganz Unrecht. Aber haben David und ich uns nicht Freundschaft geschworen? ❮❮

Versetze dich in Jonatans Lage. Er sitzt zwischen den Stühlen. Soll er zum Vater oder zum Freund halten?
Die ganze Geschichte kannst du in 1. Sam 18,1–19,7 nachlesen.

Auf der Flucht

❯❯ Saul wollte mich doch tatsächlich töten lassen! Aber Jonatan hat mich gewarnt, so dass ich fliehen konnte. Seitdem bin ich unterwegs. An mein neues Leben habe ich mich schnell gewöhnt, zumal ich Anhänger gefunden habe, die mit mir ziehen. Immer wieder höre ich, dass König Saul mir noch nachstellt. Heute konnte ich ihn und seine Männer sogar sehen. Meine Leute und ich, wir haben uns gleich in eine Höhle zurückgezogen und dort versteckt. Dann geschah etwas, womit niemand gerechnet hatte. Saul kam allein den Berg hinauf. Kein Soldat begleitete ihn. Ich war zunächst starr vor Schreck und einer meiner Freude fragte beunruhigt: »Was will er?« Ein anderer flüsterte erregt: »David, du musst ihn töten.« Was sollte ich tun? Schließlich war Saul der König, den Gott erwählt hatte. ❮❮

Versuche Davids Gedanken nachzuvollziehen. Wozu entschließt er sich?
Die ganze Geschichte kannst du in 1. Sam 19,8–20,42 und 24,1–23 nachlesen.

Bald darauf gab es wieder Krieg zwischen den Israeliten und den Philistern. Die Soldaten Sauls flohen, und die Philister verfolgten sie. Jonatan und seine Brüder wurden erschlagen und Saul von einem Pfeil schwer verwundet. Der König rief seinen Waffenträger: »Töte mich, damit die Feinde mich nicht gefangen nehmen können.« Der Waffenträger weigerte sich jedoch, denn er fürchtete sich. Da nahm Saul sein Schwert und stürzte sich hinein. So starben Saul und seine Söhne und alle seine Soldaten am selben Tag. Gekürzte Nacherzählung von 1. Sam 3,1–6

Auf dem Höhepunkt der Macht

David zog nach Hebron hinauf in das Land Juda und wohnte dort. Die Ältesten von Juda kamen zu David und machten ihn zu ihrem König. Bald darauf kamen auch die Ältesten der nördlichen Stämme Israels und sagten: »David, sei auch König über unser Land. Wir wollen dich als Nachfolger Sauls anerkennen.« David wollte Jerusalem als seine eigene Stadt haben, denn von dort konnte er die beiden Länder Juda und Israel am besten regieren. Durch eine List eroberte er die Stadt. Er nannte sie »Davids Stadt« und ließ die heilige Lade Gottes in einem feierlichen Festzug dorthin bringen. Ein Gottesdienst wurde abgehalten und die Leute feierten und wurden alle festlich bewirtet. David war auf dem Höhepunkt seiner Macht angekommen.

Erzählt nach 2. Sam 2,1–6,19

Krönung Davids, Psalmenhandschrift

**Gott hat nur einen Gedanken,
einen Willen,
eine Meinung,
ein Ziel:
dass wir alle zu ihm kommen.**

HERMANN BEZZEL

48

> **info**
> *Das wichtigste Heiligtum der Israeliten war die **Bundeslade**, ein rechteckiger Kasten, in dem vermutlich die Gesetzestafeln mit den zehn Geboten aufbewahrt wurden. Für die Israeliten stellte sie ein Zeichen für die Gegenwart Gottes dar. Sie führten die Bundeslade auf ihren Wanderungen immer mit sich.*

Links: Marc Chagall, Die Bundeslade

Machtmissbrauch

Eines Abends sah David eine schöne Frau auf dem Dach eines Nachbarhauses. Sie hieß Batseba und gefiel ihm. Obwohl sie die Frau seines Offiziers Uria war, der sich gerade auf einem Kriegszug gegen die Ammoniter befand, ließ er sie in sein Haus bringen und schlief mit ihr. Als David hörte, dass Batseba schwanger war, befahl er ihren Mann zu sich und schickte ihn zu seiner Frau. Aber Uria schlief bei seinen Soldaten. Am nächsten Tag lud der König ihn zu einem Festessen ein und gab ihm so viel Wein zu trinken, dass er betrunken ward. Aber auch jetzt ging er nicht zu seiner Frau nach Hause. Am Tag darauf sandte David Uria mit einem Brief zurück zu seinem obersten Heerführer. In dem Brief befahl er, Uria dort hinzuschicken, wo am heftigsten gekämpft wurde. Und tatsächlich wurde Uria im Kampf erschlagen. Als Batseba vom Tod ihres Mannes hörte, legte sie Trauerkleider an und hielt die Totenklage. Als die Trauerzeit zu Ende war, holte David sie in sein Haus und heiratete sie. Bald darauf brachte Batseba einen Sohn zur Welt. Aber dem Herrn missfiel, was David getan hatte. *Erzählt nach 2. Sam 11,2–27*

> **G**egen welche Gebote hat David verstoßen?

David wird von Nathan zur Rede gestellt

Gott sandte den Propheten Nathan zu David, um das Urteil des Königs in einem Rechtsstreit zu erbitten. Nathan fragte: »Was soll man in diesem Fall tun, König David? In einer Stadt hat ein reicher Mann, der sehr viele Schafe besitzt, seinem armen Nachbarn das einzige Schäfchen weggenommen, das der hatte, nur weil der Reiche einen Gast bewirten wollte.« David wurde sehr zornig und sprach das Urteil: »Im Namen Gottes! Der Mann, der das getan hat, soll die Todesstrafe erleiden. Dazu muss er den vierfachen Preis für das Schaf bezahlen, weil er es einem anderen einfach weggenommen hat.« Da sprach Nathan zu David: »Du bist der Mann!« *Erzählt nach 2. Sam 12,1–7a*

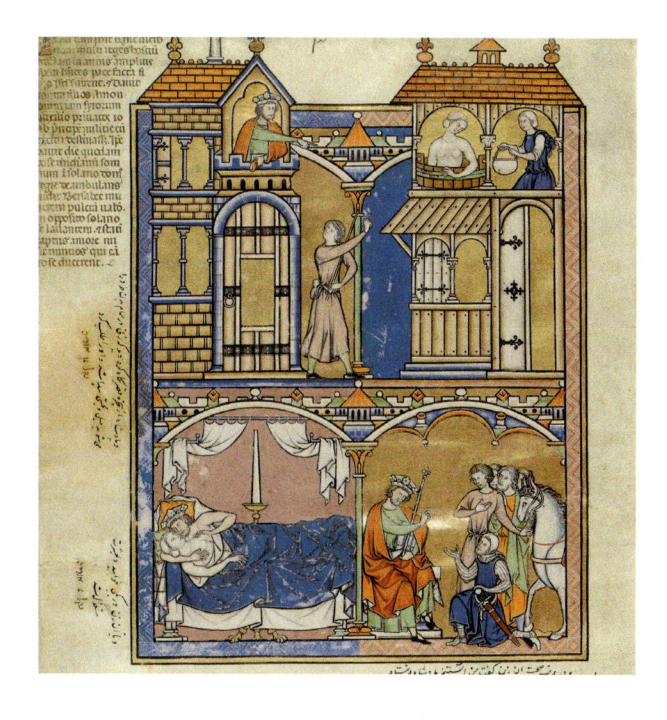

> **W**as hat Nathan David klar gemacht?

> **info** ***Salomo** trat die Nachfolge seines Vaters an und wurde der dritte König Israels. Die Bibel erzählt, dass Gott ihm Klugheit und ein verständnisvolles Herz schenkte und außerdem Reichtum und Ehre. Salomo baute für Gott den Tempel in Jerusalem und bewahrte dort die Bundeslade auf. Er war weithin für seine Weisheit bekannt.*

Und so ging es weiter ...

Das Kind Batsebas wurde schwer krank. David fastete und betete verzweifelt zu Gott, er möge das Kind am Leben lassen, aber nach einer Woche starb das Kind. Da wusch sich der König, zog neue Kleider an und ließ sich etwas zu essen bringen. Auf die verwunderten Fragen seiner Berater antwortete er: »Solange das Kind lebte, wollte ich Gott gnädig stimmen. Jetzt ist es tot. Warum soll ich fasten?« Dann ging er zu Batseba und tröstete sie. Sie gebar wieder einen Sohn, dem sie den Namen Salomo gaben.

Erzählt nach 2. Sam 12,15–24

> **B**ei dieser Geschichte drängen sich Fragen auf wie:
> Ist Gott ungerecht? Was ist eigentlich Gerechtigkeit?
> Ist Tod eine Strafe?
> Ist langes Leben ein Lohn?

Günther Stiller, Grafik zum Augsburger Kreidekreis

**Bewahre mich vor dem naiven Glauben, es müsste im Leben alles glatt gehen.
Schenke mir die nüchterne Erkenntnis, dass Schwierigkeiten, Niederlagen, Misserfolge, Rückschläge eine selbstverständliche Zugabe sind, durch die wir wachsen und reifen.**

ANTOINE DE SAINT-EXUPÉRY

> **info** *Ein berühmtes Beispiel für Salomos Weisheit findet sich in 1. Kön 3,16–28. Der Dichter Bertolt Brecht hat diese Geschichte aufgegriffen und in die Zeit des 30-jährigen Krieges verlegt: Der Schweizer Protestant Zingli, Besitzer einer Gerberei, wird von katholischen Soldaten getötet. Seine Frau, eine Augsburgerin, flüchtet ins Haus ihres Vaters in die Vorstadt, lässt aber in all den Wirren ihr Kind zurück. Die Magd Anna rettet es und zieht es als ihr eigenes auf. Nach einigen Jahren nun möchte Frau Zingli ihr Kind zurück haben und klagt ihr Recht ein.*

Eine kluge Entscheidung

An diesem Samstag war die Hauptstraße und der Platz vor dem Rathaus am Perlachturm schwarz von Menschen, die dem Prozeß um das Protestantenkind beiwohnen wollten. Der sonderbare Fall hatte von Anfang an viel Aufsehen erregt und in Wohnungen und Wirtschaften wurde darüber gestritten, wer die echte und wer die falsche Mutter war. Auch war der alte Dollinger weit und breit berühmt wegen seiner volkstümlichen Prozesse mit ihren bissigen Redensarten und Weisheitssprüchen. Seine Verhandlungen waren beliebter als Plärrer und Kirchweih. Der Saal, in dem der Richter Dollinger verhandelte, war der sogenannte Goldene Saal. Er war berühmt als einziger Saal von dieser Größe in ganz Deutschland, der keine Säulen hatte; die Decke war an Ketten im Dachfirst aufgehängt. Der Richter Dollinger saß, ein kleiner runder Fleischberg, vor dem geschlossenen Erztor der einen Längswand. Ein gewöhnliches Seil trennte die Zuhörer ab. Anwesend innerhalb des abgeseilten Raums waren Frau Zingli mit ihren Eltern, die zugereisten Schweizer Verwandten des verstorbenen Herrn Zingli, zwei gut gekleidete würdige Männer, aussehend wie wohlbestallte Kaufleute, und Anna Otterer mit ihrer Schwester. Neben Frau Zingli sah man die Amme mit dem Kind. Zu Beginn der Verhandlung kam es zu einem Zwischenfall. Als Anna das Kind erblickte, stieß sie einen Schrei aus und trat vor und das Kind wollte zu ihr, strampelte heftig in den Armen der Amme und fing an zu brüllen. Der Richter ließ es aus dem Saal bringen. Dann rief er Frau Zingli auf. Sie kam vorgerauscht und schilderte, ab und zu ein Sacktüchlein an die Augen lüftend, wie bei der Plünderung die kaiserlichen Soldaten ihr das Kind entrissen hätten. Noch in derselben Nacht sei die Magd, wahrscheinlich in Erwartung eines Trinkgeldes, in das Haus ihres Vaters gekommen und hatte berichtet, das Kind sei noch im Haus. Eine Köchin ihres Vaters habe jedoch das Kind, in die Gerberei geschickt, nicht vorgefunden, und sie nehme an, die Person (sie deutete auf Anna) habe sich seiner bemächtigt, um irgendwie Geld erpressen zu können. Sie wäre auch wohl über kurz oder lang mit solchen Forderungen hervorgekommen, wenn man ihr nicht zuvor das Kind abgenommen hätte. Der Richter rief die frühere Magd Anna auf. Sie trat schnell vor und sagte mit leiser Stimme, was sie schon bei der Voruntersuchung gesagt hatte. Sie redete aber, als ob sie zugleich horchte, und ab und zu blickte sie nach der großen Tür, hinter die man das Kind gebracht hatte, als fürchte sie, daß es immer noch schreie. Sie sagte aus, sie sei zwar in jener Nacht zum Haus von Frau Zinglis Onkel gegangen, dann aber nicht in die Gerberei zurückgekehrt, aus Furcht vor den Kaiserlichen und weil sie Sorgen um ihr eigenes, lediges Kind gehabt habe, das bei guten Leuten im Nachbarort Lechhausen untergebracht gewesen sei. Der alte Dollinger unterbrach sie grob und schnappte, es habe also zumindest eine Person in der Stadt gegeben, die so etwas wie Furcht verspürt habe. Er freue sich, das feststellen zu können, denn es beweise, daß eben zumindest eine Person damals einige Vernunft besessen habe. Schön sei es allerdings von der Zeugin nicht gewesen, daß sie sich nur um ihr eigenes Kind gekümmert habe, andererseits aber heiße es ja im Volksmund, Blut ist dicker als Wasser und was eine rechte Mutter sei, die gehe auch stehlen für ihr Kind, das sei aber vom Gesetz streng verboten, denn Eigentum sei Eigentum und wer stehle, der lüge auch und lügen sei ebenfalls vom Gesetz verboten. Und dann hielt er eine seiner weisen und derben Lektionen über die Abgefeimtheit der Menschen, die das Gericht anschwindelten, bis sie blau im Gesicht seien, und nach einem kleinen Abstecher verkündete er, daß die Zeugenaussage geschlossen sei und nichts ergeben habe. »Es ist nicht festzustellen, wer die rechte Mutter ist«, sagte er. »Das Kind ist zu bedauern. Man hat schon gehört, daß die Väter sich oft drücken und nicht die Väter sein wollen, die Schufte, aber hier melden sich gleich zwei Mütter. Der Gerichtshof hat ihnen so lange zugehört, wie sie es verdienen, nämlich einer jeden geschlagene fünf Minuten, und der Gerichtshof ist zu der Überzeugung gelangt, daß beide wie gedruckt lügen. Nun ist aber, wie gesagt, noch das Kind zu bedenken, das eine Mutter haben muß. Man muß also, ohne auf bloßes Geschwätz einzugehen, feststellen, wer die rechte Mutter des Kindes ist.« Und mit ärgerlicher Stimme rief er den Gerichtsdiener und befahl ihm, eine Kreide zu holen. Der Gerichtsdiener ging und brachte ein Stück Kreide. »Zieh mit der Kreide da auf dem Fußboden einen Kreis, in dem drei Personen stehen können«, wies ihn der Richter an. Der Gerichtsdiener kniete nieder und zog mit der Kreide den gewünschten Kreis. »Jetzt bring das Kind«, befahl der Richter. Das Kind wurde hereingebracht. Es fing wieder an zu heulen und wollte zu Anna. Der alte Dollinger kümmerte sich nicht um das Geplärr und hielt seine Ansprache nur in lauterem Ton. »Diese Probe, die jetzt vorgenommen wird«, verkündete er, »habe ich in einem alten Buch gefunden und sie gilt als recht gut. Der einfache Grundgedanke der Probe mit dem Kreidekreis ist, daß die echte Mutter an ihrer Liebe zum Kind erkannt wird. Also muß die Stärke dieser Liebe erprobt werden. Gerichtsdiener, stell das Kind in den Kreidekreis.« Der Gerichtsdiener nahm das plärrende Kind von der Hand der Amme und führte es in den Kreis. Der Richter fuhr fort, sich an Frau Zingli und Anna wendend: »Stellt auch ihr euch in den Kreidekreis, faßt jede eine Hand des Kindes und wenn ich ›los‹ sage, dann bemüht euch, das Kind aus dem Kreis zu ziehen. Die von euch die stärkere Liebe hat, wird auch mit der größeren Kraft ziehen und so das Kind auf ihre Seite bringen.« Im Saal war es unruhig geworden. Die Zuschauer stellten sich auf die Fußspitzen und stritten sich mit den vor ihnen Stehenden. Es wurde aber wieder totenstill, als die beiden Frauen in den Kreis traten und jede eine Hand des Kindes faßte. Auch das Kind war verstummt, als ahnte es, um was es ging. Es hielt sein tränenüberströmtes Gesichtchen zu Anna emporgewendet. Dann kommandierte der Richter »los«. Und mit einem einzigen heftigen Ruck riß Frau Zingli das Kind aus dem Kreidekreis. Verstört und ungläubig sah Anna ihm nach. Aus Furcht, es könne Schaden erleiden, wenn es an beiden Ärmchen zugleich in zwei Richtungen gezogen würde, hatte sie es sogleich losgelassen. Der alte Dollinger stand auf. »Und somit wissen wir«, sagte er laut, »wer die echte Mutter ist. Nehmt der Schlampe das Kind weg. Sie würde es kalten Herzens in Stücke reißen.« Und er nickte Anna zu und ging schnell aus dem Saal zu seinem Frühstück.

Bertolt Brecht

Vergleiche die Geschichte mit dem Bibeltext (1. Kön 3,16–28).

Wenn du dieses Kapitel im Unterricht und zu Hause bearbeitet hast, weißt du,

- in welchem Zeitraum die biblischen Bücher entstanden sind,
- in welche größeren Abschnitte das Alte Testament eingeteilt ist,
- wer das Volk Israel bildete und wo es lebte.

wissen

Du kannst

- eine Bibelstelle finden und sie richtig zitieren.

kennen

Du kannst erklären,

- welche Glaubenserfahrungen des Volkes Israel das Alte Testament enthält und wie und warum diese Erfahrungen überliefert worden sind.

können

Du weißt,

- dass Abraham aus seinem Vaterhaus auszog und kennst in diesem Zusammenhang Gottes Verheißungen und Gottes Segen.

Du bist über die Umstände informiert,

- unter denen Ismael und Isaak geboren sind.

informiert sein

Du erkennst,

- dass Gott Gehorsam erwartet, aber Menschenopfer ablehnt.

Du kannst begründen,

- warum die Israeliten einen Köng wollten.

Du kennst

- die Nachbarn der Stämme des Volkes Israel und weißt über das Verhältnis zwischen den Völkern Bescheid,
- den Namen des ersten Königs des Volkes Israel und bist über die Umstände seiner Erwählung zum König informiert,
- den Namen des dritten Königs des Volkes Israel und weißt, wodurch dieser sich besonders auszeichnete.

erklären

Du bist darüber informiert,

- wie David König wurde.

begründen

Du weißt,

- wie David sich verhielt, nachdem er König geworden war, und
- du kannst sein Verhalten beurteilen.

überprüfen

Du kannst begründen und überprüfen,

- inwiefern die Gefühle, Einstellungen und Konflikte der Menschen des Alten Testaments auch heute noch aktuell sind, und
- ob sie Orientierung für dein Leben sein können.

beurteilen

Schöpfung: Unsere Welt und unser Leben – ein Geschenk Gottes

Nicht auf Lichter und Lampen
kommt es an
und es liegt nicht an Mond
und Sonne,
sondern dass wir Augen haben,
die Gottes Herrlichkeit
sehen können.

SELMA LAGERLÖF

55

Wo kommt alles her?

Woher ich komme? Das ist einfach: Meine Eltern haben Eltern und diese …

Woher der Papierkorb kommt? Erst mal musste Erdöl entstehen, dieses …

Berge, Meere, die ganze Erde? Woher die kommen, weiß niemand genau, aber …

Die Klassenzimmertür war anfangs ein Baum, der aus einem Samenkern gewachsen ist …

Die Tafel ist aus Glas. Glas entsteht …

Der Kartenständer war zu Beginn ein Klumpen Eisenerz, dann …

Mein Pulli ist aus Baumwolle und die kommt von …

Mein Religionsbuch ist so entstanden: Zuerst mussten Bäume wachsen …

Wie könnten die Sätze weitergehen?
Außerhalb deiner Schulklasse gibt es noch viele Dinge, deren Entstehungsgeschichte du zurückverfolgen kannst.

Erzählungen der Völker vom Anfang

Wie ist die Welt entstanden? Wer ist der Schöpfer des Lebens? Wozu ist der Mensch auf dieser Erde? Diese Fragen hat man sich zu allen Zeiten und in allen Teilen der Welt gestellt. Die Menschen haben sie unterschiedlich beantwortet, denn ihr Umfeld, ihre Erfahrungen und das Wissen ihrer Zeit haben ihre Vorstellungen geprägt.

In Ost-Guinea (Afrika) erzählt man sich folgende Geschichte vom Anfang:

Kinder der Erde

Am Anfang gab es zwei Schöpfer: Alatangana, der über der Erde lebte, und Sa, der sich mit seiner Frau und seiner einzigen Tochter unter der Erde im schlammigen Gewässer der Ursümpfe aufhielt. Dies war, bevor es am Himmel Licht und auf der Erde Leben gab.

Zuerst schuf Alatangana, der über der Erde herrschte, festen Boden im schlammigen Meer. Dann ließ er darauf grüne Pflanzen, bunte Blumen und kräftige Bäume wachsen. Sa war erfreut darüber, wie schön Alatangana den festen Boden mit grünen und bunten Pflanzen ausschmückte, und lud ihn aus Dankbarkeit ein, bei ihm im Reich der Ursümpfe zu wohnen, solange er mit dem Gestalten des Festlandes beschäftigt war. Alatangana nahm das Angebot dankbar an und so lernte er Sa's Tochter kennen, in die er sich unsterblich verliebte. Sa weigerte sich jedoch, seine einzige Tochter dem Schöpfer der Pflanzen- und Tierwelt zur Ehefrau zu geben. Deshalb floh sie mit ihrem Geliebten und lebte mit ihm glücklich und zufrieden in einer entfernten Ecke der Erde. Sie bekamen vierzehn Kinder, sieben Jungen und sieben Mädchen, von denen jeweils drei schwarz und vier weiß waren. Als die Kinder heranwuchsen, begannen sie verschiedene Sprachen zu sprechen, sodass ihre Eltern sie nicht mehr verstehen konnten. Aus Verzweiflung ging Alatangana zu Sa, um bei ihm Rat zu suchen. Sa meinte, dies sei die Strafe dafür, dass Alatangana ihm die Tochter geraubt hatte, doch wollte er ihm nicht weiter böse sein und beschloss, den Kindern die Werkzeuge zu geben, die sie zum Überleben und Gedeihen benötigten. Also gab er den drei schwarzen Jungen eine Hacke, eine Machete und eine Axt und die weißen Kinder erhielten Papier, Feder und Tusche, damit sie ihre Gedanken niederschreiben konnten. Die weißen Kinder zogen weg nach Europa, während die schwarzen in ihrer Heimat blieben und anfingen, das Land zu bebauen. Sie alle vermehrten und verbreiteten sich.

Die angebauten Pflanzen gediehen jedoch nicht richtig und das Schreiben war in der Dunkelheit auch recht schwierig. Daher meinte Alatangana, dass auf der Erde Licht nötig sei. Er schickte also einen Hahn zu Sa mit der Bitte, Licht in die Welt zu bringen. Sa brachte dem Hahn ein Lied bei und lehrte ihn, dieses zu einer bestimmten Zeit zu singen. Als dieser zum ersten Mal sein Lied anstimmte, brach die Morgendämmerung an, die Sonne ging über der Erde auf und erstrahlte in voller Pracht.

> **S**chwarze und Weiße haben laut dieser Erzählung unterschiedliche Lebensaufgaben. Was sagt das über die Afrikaner aus, die sich diese Geschichte erzählen?

Die Indianer Nordamerikas stellen sich den Anfang so vor:

Die Himmelsfrau

Einst lebte die Menschheit in einem himmlischen Paradies. Unter dem Himmel lag nicht die Erde, sondern so weit man blicken konnte, dehnte sich das Meer aus, wo Wasservögel und andere Tiere wohnten.

Über dem großen Wasser stand keine Sonne, doch der Himmel war erleuchtet vom Baum des Lichtes, der vor dem Haus des Himmelsherrn stand.

Ein Traum riet dem Herrscher über das himmlische Paradies, eine schöne junge Frau zu heiraten, und er tat, wie ihm im Traum befohlen worden war. Vom Atem des Himmelsherrn wurde die Frau schwanger, doch der Mann begriff nicht das Wunder der Natur, sondern entbrannte in Wut und Zorn. Da träumte ihm abermals und die Stimme des Traumes riet ihm, den Baum des Lichtes vor der Schwelle seines Palastes auszureißen. Und wieder hörte er auf die Stimme seines Traumes. So entstand draußen vor dem Haus ein großes, klaffendes Loch. Als der Himmelsherr nun sah, wie sein Weib neugierig durch das Loch hinab blickte, überkam ihn wieder eifersüchtiger Zorn und er gab ihr von hinten einen Stoß. Da stürzte sie aus dem himmlischen Paradies und fiel hinab dem großen Wasser entgegen.

Immer noch zornig, warf ihr der Himmelsherr alle Gegenstände und Lebewesen nach, die ihr lieb und wert gewesen waren: einen Maiskolben, Tabakblätter, ein Reh, Wölfe, Bären und Biber, die später alle in der unteren Welt leben sollten. Aber noch gab es diese Welt nicht, die jetzt unsere Welt ist. Das unglückliche Weib des Himmelsherrn stürzte durch die Luft herab und das weite Wasser, in dem sie hätte ertrinken müssen, kam immer näher. Das sahen die Tiere, die in dem großen Wasser wohnten, und sie beschlossen ihr zu helfen. Die Wasservögel breiteten ihre Flügel aus und flogen so dicht nebeneinander her, dass sich die Spitzen ihrer Federn berührten. Sie wollten die Himmelsfrau auffangen. Die Wassertiere suchten einen Landeplatz. Die große Wasserschildkröte tauchte auf und hob ihren Panzer über den Meeresspiegel, während die anderen Tiere zum Meeresboden hinabtauchten, um dort Schlamm und Sand zu holen. Die Bisamratte brachte ein paar Steine, die Kröte schleppte Algen und Tang herbei und sie warfen Schlamm, Sand, Algen und Steine auf den Panzer der Schildkröte. So entstand eine Insel, die nach und nach größer und größer wurde.

Unterdessen hatten die Vögel die Himmelsfrau in der Luft aufgefangen und trugen sie zur unteren Welt herab. Von Zeit zu Zeit kamen neue Vögel und lösten jene ab, die müde geworden waren von der schweren Last, die auf ihrem Gefieder ruhte.

Endlich landete die Himmelsfrau wohlbehalten auf der Insel der großen Wasserschildkröte. Sie dankte den Vögeln, die ihr und dem Kind in ihrem Leib das Leben gerettet hatten. Dann nahm sie eine Hand voll Erde und warf die Erde von sich. Da vermehrte sich das Land durch die Zauberkraft, die in den Fingerspitzen der Himmelsfrau saß; die Insel wuchs und wuchs und wurde eine Welt und die Horizonte rückten in die Ferne. Pflanzen und Bäume begannen zu sprießen und die Tiere, die der Himmelsherr seinem Weib nachgeworfen hatte, fanden Wohnung und Nahrung und vermehrten sich. So entstand die Erde und die Himmelsfrau wurde die Große Erdmutter.

> **In dieser Geschichte wird ein bestimmtes Verhältnis zwischen Mensch und Tier dargestellt. Welche Verpflichtung ergibt sich daraus für die Menschen?**

Nadine Adams, 11 Jahre

Die biblischen Schöpfungserzählungen

info Die Stadt **Babylon** befand sich in einer fruchtbaren Gegend am Fluss Euphrat. Die Bevölkerung war wohlhabend und die Bauwerke beeindruckend. Eine der gewaltigsten Bauten war der Marduk-Tempel, das Heiligtum des obersten Gottes.

Trost für die Verbannten

Das erste Buch unserer Bibel, das Buch Genesis (griech. Entstehung), beginnt mit einem Text, der vom Anfang der Welt erzählt.

Die Israeliten, für die er verfasst wurde, befanden sich in einer unglücklichen Lage: Der babylonische König Nebukadnezar hatte im Jahr 587 v. Chr. mit seinem Heer die Stadt Jerusalem erobert, den Tempel zerstört und die heiligen Geräte des Tempels nach Babylon mitgenommen. Die Oberschicht der Bevölkerung war zur Zwangsarbeit nach Babylon verschleppt worden. Hier hatten die Israeliten allen Grund an ihrem Gott zu zweifeln. In dem Land, das er ihrem Urvater Abraham versprochen hatte, durften sie nicht mehr leben, ihr Tempel in Jerusalem war zerstört, ihr letzter König, Jojakim, war tot und seinen Nachfolger hatten die Babylonier ebenfalls verschleppt. Von Gottes Schutz und Segen war also nichts mehr zu spüren.

War Israels Gott zu schwach, um im Kampf gegen die babylonischen Götter und ihren obersten Gott Marduk zu bestehen? Das fragten sich die verschleppten Israeliten, wenn ihnen bei der Prozession des Frühlingsfestes in Babylon die Macht Marduks vorgeführt wurde. Den Schluss des feierlichen Umzugs bildeten die Götter der besiegten Völker. Zum Zeichen des Sieges über das Volk Israel wurden die Geräte aus dem Jerusalemer Tempel gezeigt.

Priester, die ebenfalls in der Verbannung lebten, versuchten daher den Israeliten in Babylon Mut zu machen und den Glauben an ihren Gott, den Schöpfer der Welt, zu stärken. Sie verfassten zu diesem Zweck die so genannte »Priesterschrift«, die mit einem Lob auf den Schöpfer beginnt. Dieser Text wird oft auch »Schöpfungs**bericht**« genannt. Diese Bezeichnung ist allerdings nicht zutreffend, denn nach Form und Inhalt ist er kein Bericht, sondern ein Lob**lied** auf den Schöpfer.

> **D**er Psalm 137 schildert ausführlich die hoffnungslose Lage der Israeliten in Babylon.
> **D**ass der Text am Anfang unserer Bibel nicht nur als sachlicher Bericht gedacht war, sondern gleichzeitig als ein Loblied auf den Schöpfer, kannst du erkennen, wenn du den Aufbau von Gen 1,1–2,4 a genau untersuchst.

> **info** *Babylonien war zur Zeit Nebukadnezars das größte Königreich des Vorderen Orients. Als **Vorderen Orient** bezeichnet man das Gebiet, in dem sich heute Länder wie Syrien, Irak, Kuwait, Israel und Jordanien befinden.*

Das Weltbild des alten Orients – Die Erde als Scheibe

In dem Schöpfungslied der Priesterschrift wird die Welt so beschrieben, wie man sie sich vor knapp 3000 Jahren in den Ländern des Vorderen Orients vorstellte.

Auch in der Hauptstadt des babylonischen Reiches, wo das Schöpfungslied unserer Bibel entstanden ist, waren die Menschen damals fest davon überzeugt, dass unsere Erde eine Scheibe ist, über die sich der Himmel wie eine riesige Halbkugel wölbt. Am Rand der Erdscheibe ragen mächtige Berge (Säulen des Himmels) empor, die das Himmelsgewölbe tragen. Sonne, Mond und Sterne sind an diesem befestigt und bewegen sich auf vorgegebenen Bahnen. Schleusen im Gewölbe stellen die Verbindung zum Himmelsozean her. Durch sie fällt das Wasser als Regen herunter. Die Erdscheibe ruht auf mehreren Erdsäulen, die tief in den Urozean ragen. Unter der Erdoberfläche befindet sich die Unterwelt, der Ort der Verstorbenen, und über dem Himmelsozean erstreckt sich der Feuerhimmel, in dem die Götter wohnen.

> **W**ie erklärst du dir, dass die Menschen sich die Erde als eine Scheibe vorstellten?
> **D**ie Informationen über das altorientalische Weltbild helfen dir, das Geschehen des zweiten Schöpfungstages in Gen 1,6–8 besser zu verstehen.

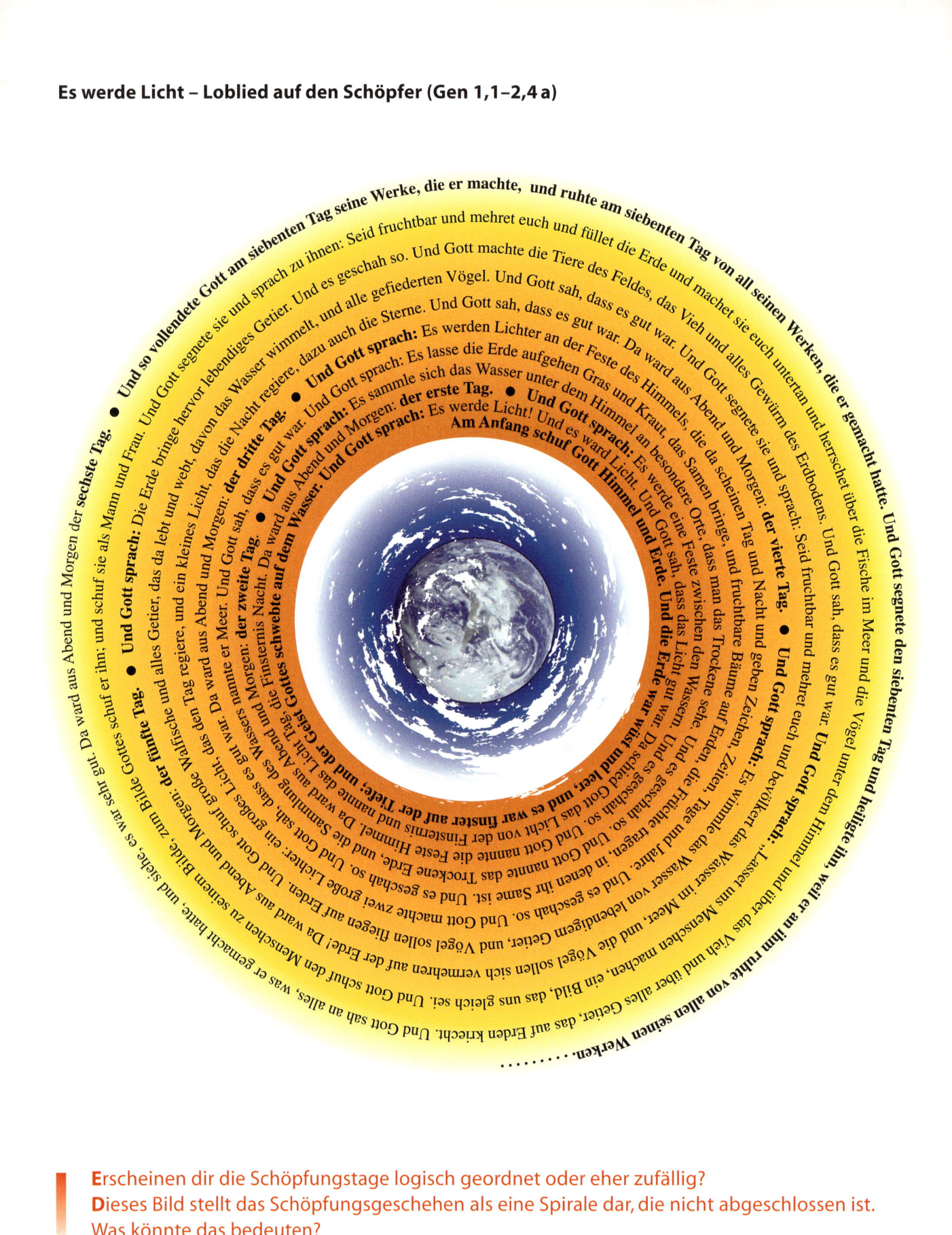

Es werde Licht – Loblied auf den Schöpfer (Gen 1,1–2,4a)

Am Anfang schuf Gott Himmel und Erde. Und die Erde war wüst und leer, und es war finster auf der Tiefe; und der Geist Gottes schwebte auf dem Wasser. Und Gott sprach: Es werde Licht! Und es ward Licht. Und Gott sah, dass das Licht gut war. Da schied Gott das Licht von der Finsternis und nannte das Licht Tag und die Finsternis Nacht. Da ward aus Abend und Morgen: **der erste Tag.** • **Und Gott sprach:** Es sammle sich das Wasser unter dem Himmel an besondere Orte, dass man das Trockene sehe. Und es geschah so. Und Gott nannte das Trockene Erde, und die Sammlung des Wassers nannte er Meer. Und Gott sah, dass es gut war. Da ward aus Abend und Morgen: **der zweite Tag.** • **Und Gott sprach:** Es lasse die Erde aufgehen Gras und Kraut, das Samen bringe, und fruchtbare Bäume auf Erden, die da Früchte tragen, in denen ihr Same ist. Und es geschah so. Und Gott sah, dass es gut war. Da ward aus Abend und Morgen: **der dritte Tag.** • **Und Gott sprach:** Es werden Lichter an der Feste des Himmels, die da scheinen Tag und Nacht und geben Zeichen, Zeiten, Tage und Jahre. Und es geschah so. Und Gott machte zwei große Lichter: ein großes Licht, das den Tag regiere, und ein kleines Licht, das die Nacht regiere, dazu auch die Sterne. Und Gott sah, dass es gut war. Da ward aus Abend und Morgen: **der vierte Tag.** • **Und Gott sprach:** „Lasset uns das Wasser im Meer wimmeln, und alle gefiederten Vögel. Und Gott sah, dass es gut war. Und Gott segnete sie und sprach: Seid fruchtbar und mehret euch und füllet das Wasser im Meer, und die Vögel sollen sich vermehren auf der Erde! Da ward aus Abend und Morgen: **der fünfte Tag.** • **Und Gott sprach:** Die Erde bringe hervor lebendiges Getier. Und Gott machte die Tiere des Feldes, das Vieh und alles Gewürm des Erdbodens. Und Gott sah, dass es gut war. Und Gott sprach: Lasset uns Menschen machen, ein Bild, das uns gleich sei. Und Gott schuf den Menschen zu seinem Bilde, zum Bilde Gottes schuf er ihn; und schuf sie als Mann und Frau. Und Gott segnete sie und sprach zu ihnen: Seid fruchtbar und mehret euch und füllet die Erde und machet sie euch untertan und herrschet über die Fische im Meer und die Vögel unter dem Himmel und über das Vieh und über alles Getier, das auf Erden kriecht. Und Gott sah alles an, was er gemacht hatte, und siehe, es war sehr gut. Da ward aus Abend und Morgen der **sechste Tag.** • **Und so vollendete Gott am siebenten Tag seine Werke, die er machte, und ruhte am siebenten Tag von all seinen Werken, die er gemacht hatte. Und Gott segnete den siebenten Tag und heiligte ihn, weil er an ihm ruhte von allen seinen Werken.** ....

Erscheinen dir die Schöpfungstage logisch geordnet oder eher zufällig?
Dieses Bild stellt das Schöpfungsgeschehen als eine Spirale dar, die nicht abgeschlossen ist. Was könnte das bedeuten?

Info: ***Negro Spirituals*** *sind religiöse Lieder der Afroamerikaner (schwarze Bevölkerung der Vereinigten Staaten von Amerika). Diese Lieder werden im Gottesdienst gesungen und nicht selten wird dazu rhythmisch geklatscht und getanzt.*

Eines der bekanntesten Negro Spirituals bringt das Lob des Schöpfers so zum Ausdruck:

Er hält die ganze Welt

1. Er hält die gan - ze Welt in sei - ner Hand, er hält die gan - ze wei - te Welt in sei - ner Hand, er hält die gan - ze Welt in sei - ner Hand, er hält die Welt in sei - ner Hand.

2. Er hält den Tag und die Nacht in seiner Hand,
   er hält die Erde und den Himmel in seiner Hand,
   er hält das Land und das Meer in seiner Hand,
   er hält die Welt in seiner Hand.

3. Er hält die Sonne und den Mond in seiner Hand,
   er hält den Wind und den Regen in seiner Hand,
   er hält den großen Regenbogen in seiner Hand,
   er hält die Welt in seiner Hand.

4. Er hält die Bäume und die Büsche in seiner Hand,
   er hält die Tiere auf dem Felde in seiner Hand,
   er hält die Vögel und die Blumen in seiner Hand,
   er hält die Welt in seiner Hand.

Englischer Text:

1. He's got the whole world in his hand,
   he's got the whole wide world in his hand,
   he's got the whole world in his hand,
   he's got the whole world in his hand.

2. He's got the night and the day in his hand,
   he's got the earth and the sky in his hand,
   he's got the land and the sea in his hand,
   he's got the whole world in his hand.

3. He's got the sun and the moon in his hand,
   he's got the wind and the rain in his hand,
   he's got the springs and the falls in his hand,
   he's got the whole world in his hand.

4. He's got the birds on the trees in his hand,
   he's got the snakes and the bees in his hand,
   he's got the flowers on the ground in his hand,
   he's got the creatures in his hand.

> **info** *Der Name des ersten Menschen ist kein gewöhnlicher Eigenname, denn **adam** (hebräisch: Mensch) kommt von **adamah**, was im Hebräischen **Ackererde** heißt. **Eva** bedeutet **Leben**. In der Schöpfungserzählung (Gen 3,20) wird sie deshalb auch **Mutter aller Lebendigen** genannt.*

Warum ist die Welt, wie sie ist?

Wie bei unzähligen anderen Völkern gab es auch bei den Israeliten mehrere Geschichten über den Anfang. Daher wurde auch in unsere Bibel noch eine zweite aufgenommen.
Diese zweite Schöpfungsgeschichte, die gleich im Anschluss an die erste in der Bibel zu finden ist, stammt aus dem 10. Jahrhundert v. Chr. und ist folglich älter als die erste. Sie wurde wahrscheinlich zur Zeit des Königs Salomo verfasst, der seinem Volk zu beachtlichem Wohlstand verholfen hatte. In ihr wird für Gott der Name Jahwe verwendet, deshalb nennt man den unbekannten Verfasser »Jahwist«. Sie erzählt davon, wie Gott die ersten Menschen, Adam und Eva, schuf, sie in einen Garten setzte und ihnen den Auftrag gab, ihn zu bebauen und zu bewahren. Dieser Garten war ein Ort, der für Menschen und Tiere »paradiesische« Lebensbedingungen bot, aber …

*Dann gebot Gott, der Herr, dem Menschen: Von allen Bäumen des Gartens darfst du essen, doch vom Baum der Erkenntnis von Gut und Böse darfst du nicht essen, denn sobald du davon isst, wirst du sterben …
(Gen 2,16–17)*

*Da sah die Frau, dass es köstlich wäre, von dem Baum zu essen, dass der Baum eine Augenweide war und dazu verlockte, klug zu werden. Sie nahm von seinen Früchten und aß; auch gab sie ihrem Mann, der bei ihr war, und auch er aß. Da gingen beiden die Augen auf und sie erkannten, dass sie nackt waren …
(Gen 3,6–7)*

Für den Verstoß gegen sein Gebot bestrafte Gott die ersten Menschen zwar nicht mit dem Tod, aber er vertrieb sie aus dem Paradies. Ihr Verhalten hatte schwerwiegende Folgen für ihr weiteres Leben und für das Leben ihrer Nachkommen.

> **D**ie vollständige Erzählung findest du im ersten Buch unserer Bibel (Gen 2,4b–3,24).
> **W**enn du Gen 3, 7–24 aufmerksam liest, erfährst du, welche Folgen die ersten Menschen hinnehmen mussten, weil sie Gottes Gebot nicht einhielten.
> **W**as versucht der Jahwist mit dieser Erzählung zu erklären?

info *Der Garten Eden wird in unserer Bibel auch **Paradies** genannt. Dieses Wort stammt aus der altpersischen Sprache und bedeutet **Park** (angelegter Garten).*

Das verlorene Paradies

Holzschnitt von Melchior Schwarzenberg (1535)

Melchior Schwarzenberg hat das Paradies so dargestellt, wie die Schöpfungserzählung es beschreibt. Was erscheint dir daran »paradiesisch«?
Wie würde dein Paradies der Gegenwart aussehen?
Die Schöpfungserzählung des Jahwisten warnt die Menschen davor, in Zeiten des Überflusses Gottes Gebote zu missachten. Inwiefern gilt diese Warnung auch für uns?

info *Den Verfassern der biblischen **Schöpfungserzählungen** war es wichtig aufzuzeigen, **wer** die Welt erschaffen hat. Mit ihrer Beschreibung der Welt befanden sie sich auf dem höchsten Stand des Wissens ihrer Zeit. Ihr damaliges Weltbild ist inzwischen ebenso überholt wie viele andere, die im Laufe der Geschichte entstanden sind. Auch wissenschaftliche Weltbilder wie das des Astrologen Ptolemäus (140 n. Chr.) haben heute keine Gültigkeit mehr.*

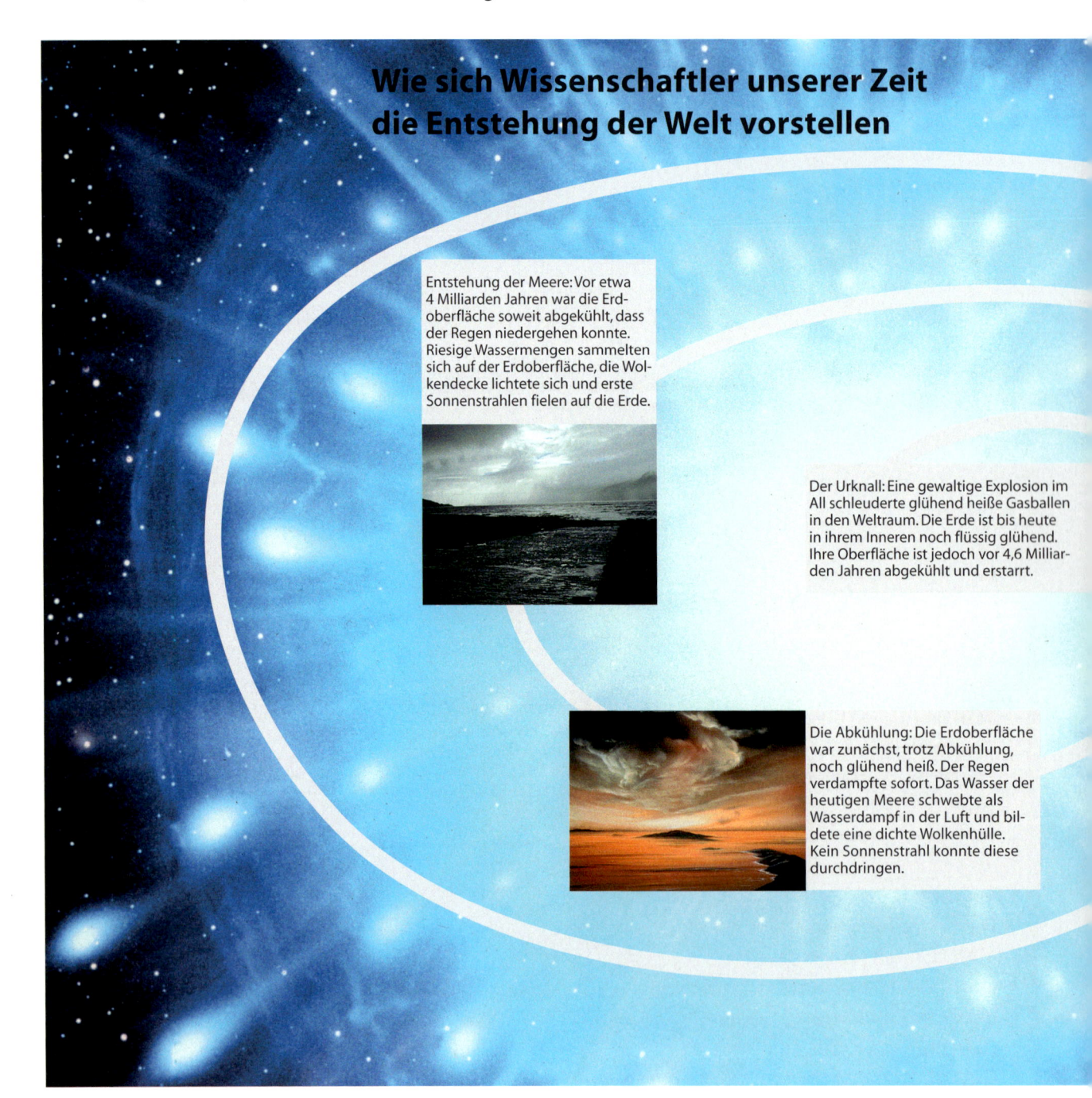

Wie sich Wissenschaftler unserer Zeit die Entstehung der Welt vorstellen

Entstehung der Meere: Vor etwa 4 Milliarden Jahren war die Erdoberfläche soweit abgekühlt, dass der Regen niedergehen konnte. Riesige Wassermengen sammelten sich auf der Erdoberfläche, die Wolkendecke lichtete sich und erste Sonnenstrahlen fielen auf die Erde.

Der Urknall: Eine gewaltige Explosion im All schleuderte glühend heiße Gasballen in den Weltraum. Die Erde ist bis heute in ihrem Inneren noch flüssig glühend. Ihre Oberfläche ist jedoch vor 4,6 Milliarden Jahren abgekühlt und erstarrt.

Die Abkühlung: Die Erdoberfläche war zunächst, trotz Abkühlung, noch glühend heiß. Der Regen verdampfte sofort. Das Wasser der heutigen Meere schwebte als Wasserdampf in der Luft und bildete eine dichte Wolkenhülle. Kein Sonnenstrahl konnte diese durchdringen.

Im Altertum war das Weltbild des Astronomen Ptolemäus und im Mittelalter das des Kopernikus allgemein bekannt. Informiere dich über diese Weltbilder in einem Lexikon.

info *Fast täglich gewinnen **Forscher** unserer Zeit neue Erkenntnisse über den Aufbau des Universums. Außerdem ist für sie wichtig herauszufinden, **wie** unsere Welt entstanden ist. Eine sichere Antwort haben sie aber bisher nicht gefunden. Sie gehen jedoch davon aus, dass der so genannte »**Urknall**« zur Entstehung des Universums geführt hat und die Welt im Laufe vieler Milliarden Jahre so geworden ist, wie wir sie kennen. Sie wird sich auch in Zukunft verändern und weiter entwickeln.*

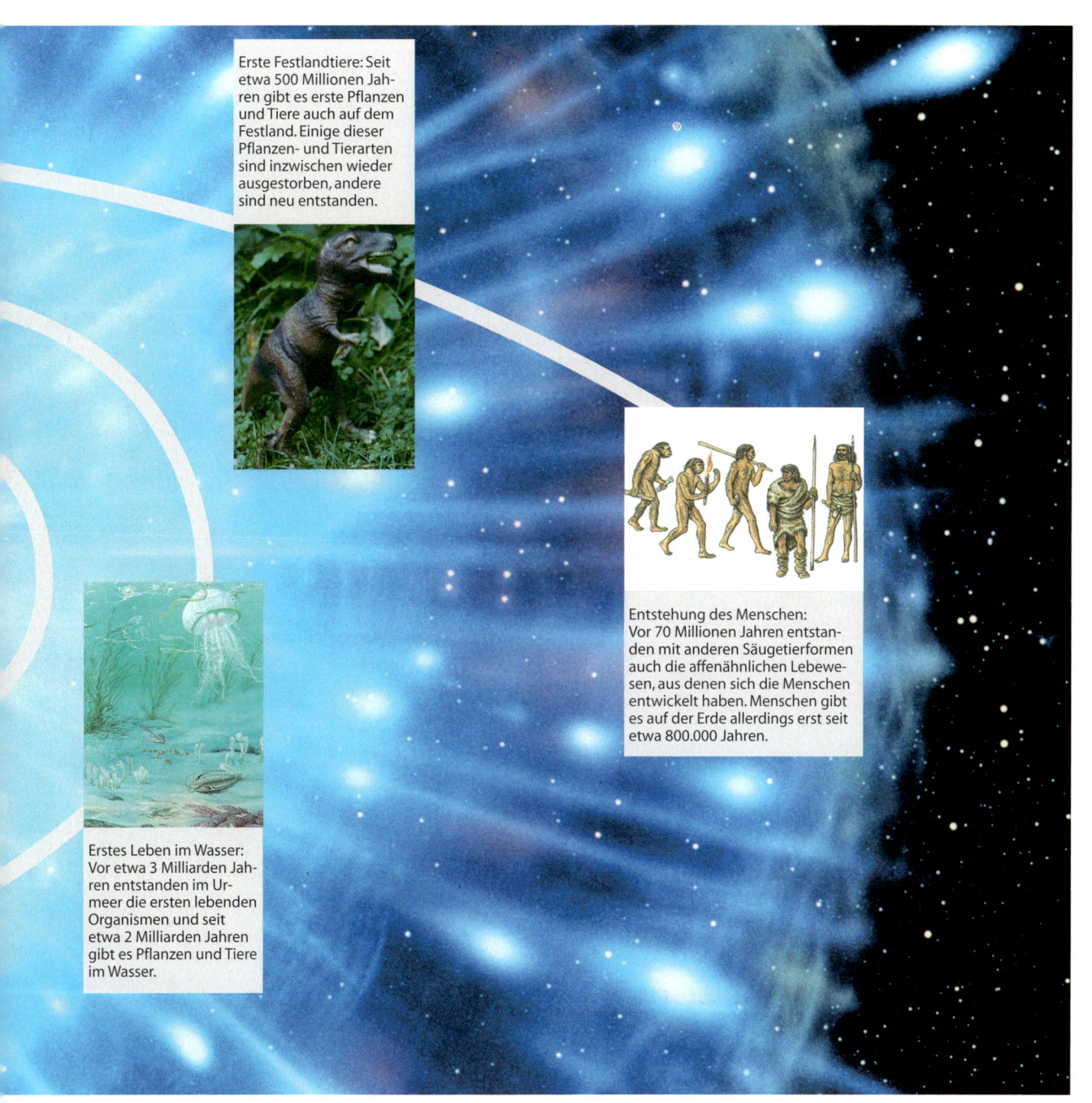

Erste Festlandtiere: Seit etwa 500 Millionen Jahren gibt es erste Pflanzen und Tiere auch auf dem Festland. Einige dieser Pflanzen- und Tierarten sind inzwischen wieder ausgestorben, andere sind neu entstanden.

Entstehung des Menschen: Vor 70 Millionen Jahren entstanden mit anderen Säugetierformen auch die affenähnlichen Lebewesen, aus denen sich die Menschen entwickelt haben. Menschen gibt es auf der Erde allerdings erst seit etwa 800.000 Jahren.

Erstes Leben im Wasser: Vor etwa 3 Milliarden Jahren entstanden im Urmeer die ersten lebenden Organismen und seit etwa 2 Milliarden Jahren gibt es Pflanzen und Tiere im Wasser.

Wenn du die Entwicklungszeit des Lebens von den ersten lebenden Zellen bis heute mit dem Zeitraum eines Jahres vergleichst, dann gibt es uns Menschen erst seit zwei Stunden und zwanzig Minuten.

> **info** *Der **Psalm 104** unserer Bibel ist ein **Lied des Lobes und des Dankes** für die wunderbare Schöpfung Gottes. Ernesto Cardenal, ein Priester und Dichter aus Nicaragua, hat diesen Psalm für die Menschen unserer Zeit neu geschrieben.*

Lob der Schöpfung

PSALM 104

Lobe den Herrn, meine Seele! …
Herr, mein Gott, Du bist groß.

Wie auf einer Töpferscheibe hast Du
aus einer Wirbelwolke kosmischen Staubes
die Spiralen der Milchstraßen gezogen.
Unter Deinen Händen begann das Gas
sich zu verdichten und zu glühen,
so formtest Du die Sterne.

Das Zusammenspiel von Wasser und Licht
erzeugte das erste Molekül, die erste Bakterie teilt sich.

Im Prä-Kambrium erschien die erste glasige Alge, von
Sonnenenergie ernährt. Durchsichtige Geißeltierchen,
Kristallglöckchen ähnlich oder Blumen aus Gelatine,
bewegten sich und pflanzten sich fort (das ist der
Ursprung von allem, was heute lebt)

Dann kamen die ersten einfachen Tiere an Land,
Skorpione und Spinnen entflohen dem Meer;
mit ihren Flossen erschienen die ersten
Amphibien und die Flossen wurden zu Füßen.
Es entstanden Dinosaurier und Vögel, und die
ersten Blumen wurden von den ersten Bienen besucht.

Im Mesozoikum gab es die ersten Säugetiere,
winzig und warmblütig, die ihre Jungen
lebend gebaren und säugten.

Und zu Anfang des Quartärs erschufst Du
den Menschen.

Du gibst dem weißen Bären seinen eisfarbenen
Anzug und dem Polarfuchs das schneeweiße Fell.

Mit Hilfe moderner Weltraumteleskope können Wissenschaftler heute unzählige Vorgänge im Weltall beobachten und fotografieren. Dieses Foto zeigt, wie in unserem Sonnensystem auch heute noch aus kosmischen Gas- und Staubwolken neue Sterne entstehen.

Das Wiesel färbst Du im Sommer braun
und im Winter weiß.
Du lehrst die Biber, ihre Dämme aus Stäben
und ihre Häuser auf dem Wasser zu bauen.
Die Baumgrille fliegt und singt und kennt
ihre Nahrung von Geburt an.
Die Spinne webt ihr Netz; wenn die Störche
aus dem Ei schlüpfen, wissen sie, wo Norden
und wo Süden ist.

Aller Augen harren auf Dich, Herr,
jedem gibst Du seine Nahrung zu seiner Zeit.
Du öffnest Deine Hände und schüttest
Deinen Segen über alle Tiere aus.
Die Sperlinge haben weder Kornkammern
noch Traktoren, Du aber gibst ihnen die Körner,
die auf die Straße fallen, wenn die Lastwagen
zu den Silos fahren. Die Möwen finden jeden
Tag ihre Fische und die Eule jede Nacht ihre
Frösche und Mäuse.

Du lässt die Frühlingsblumen sich öffnen,
wenn die Schmetterlinge aus den Puppen kriechen.
Morgens öffnest Du die Blumen für die Tagschmetterlinge
und schließt sie abends, wenn sie schlafen gehen,
und wieder andere öffnest du des Abends für die
Nachtfalter, die in dunklen Ecken den Tag verschlafen
und erst wieder ausfliegen, wenn der Abend dämmert.
Und an demselben Tag, an dem Du die Hummel
aus ihrem Winterschlaf weckst,
öffnest Du die Blüten der Weiden.

Ich werde den Herrn preisen, solange ich lebe!
Ich werde Ihm Psalmen schreiben.
Mögen meine Lieder Ihm Freude machen.

Lobe den Herrn, meine Seele!

Ernesto Cardenal

Schlag die Begriffe nach, die dir unbekannt sind.
(Du kannst auch deinen Biologie- oder Erdkundelehrer fragen.)
Wodurch unterscheidet sich dieser Psalm von dem Psalm 104 unserer Bibel?
Warum hat Ernesto Cardenal ihn neu geschrieben?

Freude an der Schöpfung

Der fünfte Tag

Es war am fünften Tag der Schöpfung. Sie konnte es noch gar nicht fassen. Unter all den neu geschaffenen Tieren und Vögeln war auch sie: eine kohlrabenschwarze Krähe. Warum hatte es Gott gefallen, eine Krähe zu schaffen? Sie wusste es nicht. Sie wusste nur, dass es wunderschön war, mit dem Wind aufzusteigen und hoch über der Erde zu schweben oder sich unter lautem Geschrei auf dem Ast eines blühenden Baumes niederzulassen. Das war schon was. Am meisten interessierte sie sich für die vielen verschiedenen Gräser und Kräuter, für die Bäume mit all den unterschiedlichen Früchten und für alles, was es sonst noch zu entdecken gab auf dieser fruchtbaren Erde. Wasser gab es auch, große und kleine Seen, Flüsse und dann noch das gewaltige Meer. Tagelang strich sie so umher und kam aus dem Staunen gar nicht mehr heraus. Sie flog durch Täler und Schluchten, rastete auf hohen Bergen, sah sich alles ganz genau an und schrie immer wieder vor lauter Freude. Sie konnte sich sehen lassen, diese Schöpfung. Gott hatte das Licht von der Finsternis geschieden, Himmel und Erde geschaffen. Am dritten Tag waren alle Gewächse dazu gekommen und schließlich die Himmelslichter, Sonne, Mond und Sterne.

Und am fünften Tag waren sie an der Reihe: die Wassertiere und die Vögel, gewaltig große Wale und winzig kleine Spatzen. Jedes war für sich einzigartig. Das war ein Gewimmel im Wasser und unter dem Himmel. Alle freuten sich und waren guter Dinge. Da gab es kaum einen, der sich nicht darüber gewundert hätte, dass er so geschaffen war, wie er nun mal ausschaute. Aber es war auch spannend, Vergleiche zu ziehen. Einer konnte dies besonders gut und der andere das. Es gab so viele unterschiedliche Fähigkeiten und Begabungen; die Schöpfung war einfach etwas Wunderbares. Die Krähe, nachdem sie alles ausprobiert hatte, was sie selber konnte, schrie laut über die Wipfel hinweg: Es ist schön, am Leben zu sein. Es ist gut, so zu sein, wie ich bin. Und sie schrie es immer und immer wieder, so lange, bis sie schließlich vor lauter Heiserkeit nur noch krähen, nur noch krächzen konnte. Und bis heute ist das so geblieben. Eine Krähe kann nur krächzen. Aber jeder Krächzer ist ein Freudenschrei über die Schöpfung, über den fünften Tag.

Eckart Bücken

An welchen Dingen unserer Schöpfung hat dein Lieblingstier seine größte Freude? **D**u kannst dir sicher auch vorstellen, wie ein Igel den ersten Frühlingstag erlebt.

Die Erde – ein Juwel

Astronauten äußern ihre Gedanken und ihre Gefühle beim Anblick der Erde aus dem Weltall:

Kein einziger Mensch konnte bei dem faszinierenden Anblick der Erde aus dem Weltraum Freudenausbrüche zurückhalten, die aus der Tiefe des Herzens hervorbrachen.
(O. Makarow, UdSSR)

Aus dem Fenster erhaschten wir einen Blick auf (…) die strahlend blauen Korallenriffe der Karibik, die ihre Schönheit vor den Sternen entfalten. Und in den Augenblicken (…) verspürten wir jene Empfindungen, die uns Menschen eigen sind – Ehrfurcht, Neugier, Staunen, Freude und Überraschung.
(R. L. Schweickart, USA)

Plötzlich taucht hinter dem Rand des Mondes (…) ein funkelndes blaues Juwel auf, eine helle, zarte himmelblaue Kugel, umkränzt von langsam wirbelnden weißen Schleiern. Allmählich steigt sie wie eine kleine Perle aus einem tiefen Meer hervor, unergründlich und geheimnisvoll. Es braucht mehr als einen Augenblick, bis du tatsächlich begreifst, dass es die Erde ist … unsere Heimat.
(E. Mitchell, USA)

❚ **D**ie Astronauten empfinden riesige Freude beim Anblick unseres Planeten. Es gibt auf unserer Erde bestimmt vieles, das dich begeistert.

Wunder der Schöpfung

Es gibt viele Dinge in unserer Welt, die uns immer wieder ins Staunen versetzen. Diese Wunder sind Teil der vielfältigen Schöpfung Gottes.

Crater Lake

Der Vulkan Mount Mazana (im heutigen US-Staat Oregon) brach vor 7.000 Jahren plötzlich aus. Die Eruption (Vulkanausbruch) war so gewaltig, dass sie den oberen Teil des 3.600 m hohen Berges wegsprengte. Der gesamte Erdteil Nordamerikas wurde davon erschüttert. Felsbrocken des Berges wurden bis zu 1.500 km weit in alle Himmelsrichtungen geschleudert. Gesteinsuntersuchungen haben ergeben, dass diese über acht US-Staaten und drei kanadische Provinzen niedergefallen sind. In dem entstandenen Krater hat sich nach der Abkühlung des Vulkans Wasser gesammelt. So ist der einzigartige Crater Lake (Krater-See) entstanden.

Der See mit einem Durchmesser von ca. 10 km entspricht etwa der Größe der Stadt Nürnberg. Sein Wasser ist so tief, dass die Nürnberger Lorenzkirche auch dann nicht aus dem Wasser ragen würde, wenn man sie sechsmal übereinander stapeln würde. Das Vulkangestein wurde so weit geschleudert wie von Nürnberg bis nach Tunesien, nach Irland, Norwegen, in die Türkei oder nach Weißrussland.

Millionen Lebewesen in einer Hand

In einer Hand voll Walderde gibt es mehr Lebewesen als Menschen in ganz Bayern leben.

Hunderte von Fliegenlarven, Milben, Springschwänzen und Fadenwürmern kann man bei genauem Hinsehen gerade noch mit freiem Auge erkennen. Auch Bodenspinnen, Asseln, Erdläufer und Saftkugler tummeln sich in der lockeren Walderde. Millionen von Pilzen, Bakterien und Algen, die in einer Hand voll Waldboden leben, kann man allerdings nur unter dem Mikroskop erkennen.

> *info* *Auf unserer Erde leben über 6.000.000.000 Menschen und jedes Jahr werden es viele Millionen mehr. Würden sich alle Menschen dieser Erde an den Händen fassen, wäre die Kette etwa 6.124.000 Kilometer lang. In dieser unvorstellbar langen Menschenkette, die über 150-mal um die ganze Erde reichen würde, sind keine zwei Menschen gleich.*

Auch du bist von Geburt an einzigartig und unterscheidest dich von allen anderen Menschen der Welt. Gott hat dich so und nicht anders gewollt. Dein Leben ist ein Wunder und ein Geschenk Gottes.

Ich bin ein Wunder

Ich bin ein Wunder
kann gehen
sehen
mich drehen
ganz wie ich will
kann lachen
Dummheiten
gar nichts machen
kann denken
schenken
ein Auto lenken
kann träumen
klettern in Bäumen
kann trinken
winken
mich wehren
mit Freunden verkehren
Ich
du
er – sie – es
wir alle
sind Wunder

Klaus Kordon

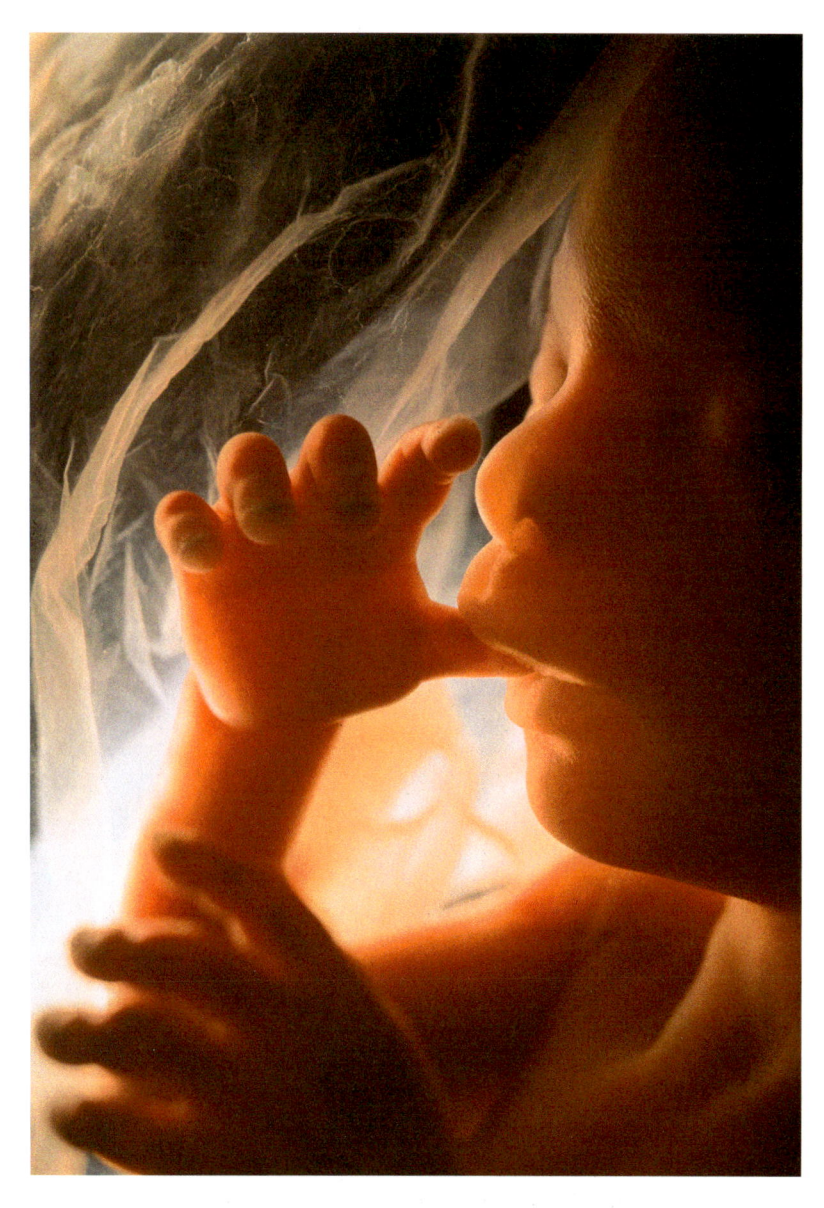

Vergleiche dich mit deinen Geschwistern oder mit Kindern aus deiner Klasse! Wodurch unterscheidest du dich von ihnen?

> **info** *Aus dem biblischen Schöpfungslied (Gen 1,27) erfahren wir:* »Gott schuf den Menschen nach seinem Bilde.« *Wir können aber nicht wissen, ob wir vom Aussehen her tatsächlich Gottes Ebenbilder sind, denn niemand weiß, wie Gott aussieht. Er hat uns Menschen jedoch als Verwalter und Bewahrer seiner Schöpfung eingesetzt.* **Ebenbild Gottes** *heißt also* **Helfer und Stellvertreter Gottes** *in dieser Welt.*

Der Mensch als Ebenbild Gottes

(Wie) erfüllt er seine Aufgabe?

> **D**iese Bilder zeigen, wie Menschen den Auftrag Gottes missachten. Was verleitet sie dazu?
> **S**ammle Informationen über den »Treibhauseffekt« und den »sauren Regen« (Ämter für Umweltschutz sowie Biologie-, Chemie- und Erdkundelehrer können dir dabei helfen.)
> **E**s gibt viele Möglichkeiten Müll zu vermeiden. Welche sind dir bekannt?

info *Der Jahwist erzählt in Gen 2,19, dass die Tiere aus derselben Ackererde erschaffen wurden wie der Mensch. Aus dem Schöpfungslied der Priesterschrift erfahren wir, dass sie, ebenso wie die Menschen, Gottes Segen erhalten haben. Als unsere »Mitgeschöpfe« verdienen sie unsere Achtung und unseren Schutz.*

Verantwortung übernehmen

Setzt im Winter plötzlich harter Frost oder Schneefall ein, dann finden die Vögel kaum noch Futter. Man kann ihnen helfen, diese schwere Zeit zu überstehen. Dabei ist es dringend notwendig, einige Dinge zu beachten, um ihnen nicht aus Unwissenheit zu schaden.

- Der Futterplatz muss durch ein engmaschiges Drahtgitter am Boden oder Drahtmanschetten am Baumstamm geschützt sein, damit Marder oder Katzen abgewehrt werden.
- Alle drei bis vier Wochen solltest du das Futterhäuschen mit heißem Wasser reinigen, damit sich keine Parasiten oder Krankheitserreger darin ausbreiten.
- Du musst den Vögeln artgerechtes Futter anbieten. Es gibt unter den Singvögeln Körnerfresser und Weichfutterfresser.
  Zu den Körnerfressern gehören Meisen, Spatzen, Kirschkernbeißer, Bergfinken und Dompfaffen. Weichfutterfresser, die bei uns überwintern, sind Amsel, Drossel, Rotkehlchen, Baumläufer. Sie fressen mit Vorliebe Beeren aller Art, die man in Fachgeschäften kaufen kann. Specht, Kleiber und Zeisig fressen sowohl Körner als auch Weichfutter.
- Speisereste, Wurst, Käse, Speckschwarten oder salzhaltige Kerne darfst du nicht verfüttern, da sie für die Singvögel schädlich sind.
- Sobald der Frühling anbricht, musst du die Fütterung unbedingt einstellen, sonst verfüttern die Altvögel die leicht erreichbaren Körner an ihre Jungen. Für junge Meisen z. B. bedeutet das den sicheren Tod, da sie Körner noch gar nicht verdauen können.

Aus der Kindheit

»Ja, das Kätzchen hat gestohlen,
und das Kätzchen wird ertränkt.
Nachbars Peter sollst du holen,
dass er es im Teich versenkt!«

Nachbars Peter hat's vernommen,
ungerufen kommt er schon:
»Ist die Diebin zu bekommen,
gebe ich ihr gern den Lohn!«

»Mutter, nein, er will sie quälen!
Gestern warf er schon nach ihr.
Bleibt nichts andres mehr zu wählen,
so ertränk' ich selbst das Tier.«

Sieh, das Kätzchen kommt gesprungen,
wie es glänzt im Morgenstrahl!
Lustig hüpft's dem kleinen Jungen
auf den Arm – zu seiner Qual.

»Mutter, lass das Kätzchen leben!
Jedes Mal, wenn's dich bestiehlt,
sollst du mir kein Frühstück geben.
Sieh nur, wie es artig spielt!«

»Nein, der Vater hat's geboten,
hundertmal ist ihr verziehn!«
»Hat sie doch vier weiße Pfoten!«
»Einerlei! Ihr Tag erschien!«

»Nachbarin, ich folg' ihm leise,
ob er es auch wirklich tut!«
Peter spricht es häm'scherweise
und der Knabe hört's mit Wut.

Unterwegs auf manchem Platze
bietet er sein Liebchen aus,
aber keiner will die Katze.
Jeder hat sie längst im Haus.

Ach, da ist er schon am Teiche
und sein Blick, sein scheuer, schweift,
ob ihn Peter noch umschleiche.
Ja, er steht von fern und pfeift.

»Nun, wir müssen alle sterben,
Großmama ging dir voraus,
und du wirst den Himmel erben.
Kratze nur, sie macht dir auf!«

Jetzt, um sie recht tief zu betten,
wirft er sie mit aller Macht,
doch zugleich, um sie zu retten,
springt er nach, als er's vollbracht.

Eilte Peter nicht, der lange,
gleich im Augenblick herzu,
fände er, es ist mir bange,
hier im Teich die ew'ge Ruh.

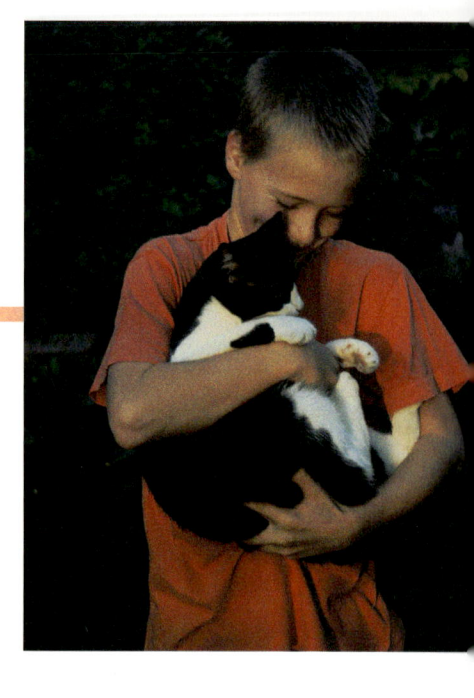

In das Haus zurückgetragen,
hört er auf die Mutter nicht,
schweigt auf alle ihre Fragen,
schließt die Augen trotzig dicht.

Von dem Zucker, den sie brachte,
nimmt er zwar zerstreut ein Stück;
doch den Tee, den sie ihm machte,
weist er ungestüm zurück.

Welch ein Ton! Er dreht sich stutzend
und auf einer Fensterbank,
spinnend und sich emsig putzend,
sitzt sein Kätzchen blink und blank.

»Lebt sie, Mutter?« »Dem Verderben
warst du näher, Kind, als sie!«
»Und sie soll auch nicht mehr sterben?«
»Trinke nur, so soll sie's nie!«

Christian Friedrich Hebbel

Die Geschichte stammt aus dem 19. Jahrhundert. Woran ist das zu erkennen?
Wie hättest du in der Lage des Jungen gehandelt?

Unsere Tage sind gezählt

Wir sind acht Tannen, die den Garten der Familie Messner zum Nachbargrundstück abgrenzen. Seit 34 Jahren leben wir hier. Fasane suchen den Schutz unserer Zweige zum sicheren Übernachten. Eichhörnchen spielen in unserem Geäst. Der Specht hackt an unseren Stämmen, sucht Käfer- und Schmetterlingslarven unter der Rinde. Amseln und Wildtauben haben ihre Nester in unseren Kronen versteckt. Es spannen unzählige Spinnen ihre Netze zwischen unseren Ästen auf. Auch für Käfer, Mücken und viele andere Insekten sind unsere Zweige ein grünes Zuhause. Unter dem Haufen getrockneter Äste hat am Boden eine Igelfamilie ihr kuscheliges Nest eingerichtet. Unsere kräftigen Wurzeln bieten den Feldmäusen und dem Maulwurf sichere Stützen für ihre unterirdischen Gänge. Für all diese Tiere sind wir ein vertrautes Heim.

Aber unsere Tage sind gezählt. Auf das benachbarte Grundstück wird ein Mehrfamilienhaus gebaut und wir werfen einen riesigen Schatten darauf. Da wir genau auf der Grundstücksgrenze stehen, verbietet uns das Gesetz zwanzig Meter hoch zu sein. Die Bauherren haben deswegen schon bei Gericht eine Klage gegen Familie Messner eingereicht und fordern, dass wir gefällt werden. Sie interessiert es nicht, dass wir mit unseren immergrünen Tannennadeln saubere und sauerstoffreiche Atemluft für zehnmal mehr Menschen erzeugen, als in dem neuen Haus wohnen werden.

Menschen werden vor Gericht von Anwälten vertreten. Pflanzen und Tiere haben keinen Anwalt. Sammle Argumente, mit denen du ihre Sache im Gerichtssaal vertreten könntest.

> **info** Am 19. Oktober 2001 hat der Bundestag ein Gesetz verabschiedet, das die Käfigbatterie-Haltung von Legehennen in der Bundesrepublik Deutschland verbietet.

Die folgende Geschichte zeigt, warum ein solches Gesetz dringend notwendig war.

Gackern hilft nichts

Die von unserem Hof nennen mich Gertrude. Auf dem Bauernhof lebe ich mit fünfzehn anderen Hühnern, vier Enten und einem Hahn zusammen. Morgens weckt unser Gockel alle Tiere des Hofes. Dann flattern wir aus dem Hühnerstall und fangen an, unser Gefieder zu putzen. Den Großteil des Tages verbringe ich damit, mein Futter zu suchen. Das macht Spaß, denn immer wieder entdecke ich neue Köstlichkeiten auf der Wiese, die nur uns, dem Geflügel des Hofes, gehört. Gras, Klee, Löwenzahn und Samenkörner sind meine Leibspeisen. Ich scharre aber auch gerne in der Erde nach Würmern und kleinen Käfern. Mein Lieblingsplatz ist der Misthaufen. Dort finde ich im Pferdemist oft noch unverdaute Haferkörner. Zur Abwechslung laufe ich gelegentlich einem Schmetterling oder einer Mücke nach und nehme ab und zu ein Bad im Staub der getrockneten Erde. So vergeht mein Tag und am Abend gibt die Bäuerin uns noch leckere Maiskörner und Getreideschrot zu fressen. Wenn der Abend dämmert, gehen wir Hühner schlafen, denn wir stehen schon im Morgengrauen wieder auf. Es geht uns wirklich gut auf dem Hof und trotzdem gackern einige meiner Freundinnen oft unzufrieden, weil wir nicht hinüber in den Gemüsegarten dürfen. Sie wissen nicht, wie gut es uns hier geht, aber ich weiß es. Ich weiß es genau:

Vor drei Wochen habe ich es gewagt, über den Zaun in den Gemüsegarten zu fliegen. Da hab ich mich mit Erbsen und Blattsalat vollgefressen, das Krautbeet verscharrt und danach einen kleinen Spaziergang zum so genannten Geflügelhof gemacht. Unter dem Maschendrahtzaun hab ich mich durchgescharrt, denn über den drei Meter hohen Stacheldraht zu fliegen, war mir zu gefährlich. Da stand ich nun vor dem Aluminiumtor der riesigen Halle und hörte die vielen Hühnerstimmen da drin. Das Tor rollte zur Seite, ein Kleinlaster fuhr heraus und ich huschte hinein. Erst mal musste ich tief Atem holen. In endlosen übereinander gestapelten Gitterboxen waren Tausende von Hühnern da drin. Einige fingen an aufgeregt zu gackern, als sie mich in dem Gang zwischen den Käfigreihen frei herumlaufen sahen. Plötzlich packte mich eine kräftige Männerhand an den Flügeln, hob mich hoch und presste mich in eine Gitterbox hinein. Ich schrie und gackerte, so laut ich konnte, versuchte mit den Flügeln zu schlagen, aber der Platz war zu eng dafür und die Luft so stickig, dass ich nach stundenlanger Anstrengung schließlich den Kampf aufgeben musste. Ich hatte keine Kraft mehr. Also duckte ich mich auf den Boden und die anderen traten mir jedes Mal, wenn sie sich bewegen wollten, auf den Kopf, auf die Flügel oder auf den Hals. In eine Rinne füllte ein Arbeiter Futtermehl nach. Er sprach nicht mit uns. Die anderen hatten ja auch keine Namen. Dass ich Gertrude heiße, wusste er nicht. An die Futterrinne konnte ich nicht herankommen, weil ein Huhn auf meinem linken Flügel stand. Von dem Fressen hätte ich sowieso nichts gewollt, denn es roch nach Fisch, nicht nach Gras, Klee oder Löwenzahn. Wasser hätte ich gerne getrunken, weil es da so schwül war, aber ich konnte mich nicht zum Trinknapf bewegen. Die anderen hatten den Trick schon raus, wie man sich hin drängeln musste. Ich hockte also still geduckt da, beobachtete alles und wartete ab. Auch lautes Gackern hätte mir nichts geholfen. Unter den 50.000 Stimmen hätte niemand meine gehört.

Plötzlich fingen die anderen Hühner an, auf mir herumzuhacken und an meinem Kamm zu picken, bis er blutete. Sie wollten mich dort nicht haben, denn ich war eine zusätzliche Belastung in diesem engen Käfig. Für jede der 24 Hennen gab es in der Gitterbox soviel Platz wie in einem Schuhkarton. Durch mich wurde der Raum noch enger, also musste ich mich ruhig verhalten, denn mein Kopf blutete schon und mir wurde schwindelig. Es verging viel, viel Zeit und ich wusste nicht mehr, ob es Abend oder Morgen war, denn hier krähte kein Hahn und statt der Sonne schien eine heiße Lichtröhre. Immer wieder gingen Arbeiter vorbei, füllten Futter nach und holten die verstorbenen Hühner aus den Käfigen. Zehn bis zwanzig tote Tiere pro Tag waren normaler Abfall in diesem Mastbetrieb. Ich lag mit geschlossenen Augen und blutendem Kopf auf dem Boden der Gitterbox. Da griff die Hand eines Arbeiters nach mir, packte mich am Flügel und warf mich auf die Ladefläche eines Elektrowagens zu den toten Tieren. Ich ließ alles mit mir geschehen, ohne mich zu regen. Draußen wurden wir in einen Container gekippt. Obwohl ich sehr schwach war, konnte ich mich hier langsam aufrichten, auf meinen eigenen Beinen stehen, meine Flügel bewegen und auf den Körpern der toten Hühner ein bisschen herumlaufen. Es stank fürchterlich. Maden krochen aus den Körpern der Hennen und unzählige Mistfliegen summten im Container. Plötzlich wurde der Deckel geöffnet und eine neue Fuhre wurde herein gekippt. Mit dem lautesten Schrei meines Lebens flatterte ich durch die Öffnung hinaus, lief über den Platz vor der Halle und flog mit letzter Kraft über den Stacheldraht des drei Meter hohen Zaunes. Die Bäuerin schreckte vom Mittagessen auf, als sie mein aufgeregtes Gackern im Hof hörte. »Die Gertrude ist wieder da!«, rief sie und strahlte vor Glück. »Wo warst du so lang, meine Kleine?« Leider verstand sie mein Gackern nicht und so weiß bis heute niemand, was in den Hallen des Geflügelhofs vor sich geht.

Versuche den Begriff artgerechte Tierhaltung am Beispiel eines Haustieres näher zu erläutern. Wie ist der Titel dieser Geschichte zu verstehen?

Weissagung der Cree-Indianer

Erst wenn
der letzte Baum gerodet,
der letzte Fluss vergiftet,
der letzte Fisch gefangen,
werdet ihr feststellen,
dass man Geld
nicht essen kann!

Der Mensch wird als Bewahrer und Verwalter der Schöpfung nicht allein gelassen. Lies dazu Gen 8,22.

Wenn du dieses Kapitel im Unterricht und zu Hause bearbeitet hast, kennst du
  Schöpfungserzählungen anderer Völker und kannst deren Inhalt und Aussageabsicht wiedergeben.

Du kannst erklären,
  unter welchen geschichtlichen Umständen das Schöpfungslied der Priesterschrift entstanden ist,
  aus welchen Gründen und zu welchem Zweck es verfasst wurde.

Du kennst
  den Aufbau des altorientalischen Weltbildes,
  die Zusammenhänge zwischen diesem Weltbild und dem Schöpfungslied der Priesterschrift,
  die wichtigsten Aussagen beider biblischer Schöpfungserzählungen.

Du kannst
  die Unterschiede benennen, die zwischen ihnen bestehen,
  ihre Bedeutung für die Menschen unserer Zeit wiedergeben.

Du bist informiert über
  die bekanntesten wissenschaftlichen Theorien zur Entstehung der Welt und des Lebens

Du weißt,
  welchen Auftrag Gott uns Menschen gegeben hat,
  was der Begriff Ebenbild Gottes in Verbindung damit bedeutet.

Du kannst beurteilen und erklären,
  welche Folgen das Missachten des Schöpfungsauftrags haben kann,
  weshalb Pflanzen und Tiere geschützt werden müssen.

wissen

kennen

können

informiert sein

erklären

begründen

überprüfen

beurteilen

Heimat entdecken – Kirche am Ort

83

Kirche – ein Wort – viele Bedeutungen

info *Das Wort **Kirche** kommt aus dem Griechischen: »**kyriaka**« und bedeutet »dem Herrn (kyrios)« Jesus Christus zugehörig. Der Herr der christlichen Kirche ist Jesus Christus. Auch in anderen Sprachen ist das Wort für Kirche von diesem Wortstamm abgeleitet; holländisch heißt es **Kerk**, italienisch **Chiesa**, schwedisch **Kirke**.*

Man sagt:	und meint damit:
Die Kirche beginnt um 9 Uhr	Die Kirche als Gottesdienst
Die Kirche steht am Marktplatz	Die Kirche als Gebäude
Ich gehöre zur evangelischen Kirche	Die Kirche als Konfession oder Bekenntnis
Die Kirche kümmert sich um Obdachlose	Die Kirche als Organisation

> **K**ennst du andere Sätze oder Redensarten, in denen das Wort Kirche vorkommt?

Kirchen haben Namen

Stefanie geht seit diesem Schuljahr in die Realschule. In ihrer Grundschule wohnten alle Kinder am selben Ort und die Evangelischen gingen alle in dieselbe Kirche. Jetzt, in der Realschule, kommen die Schüler aus unterschiedlichen Orten oder Stadtteilen und auch die evangelischen Schüler, mit denen sie in einer Religionsgruppe zusammen ist, gehören jeweils zu verschiedenen Kirchengemeinden.

Sehr oft haben Kirchen, vor allem wenn sie schon alt sind, als »Namenspatron« einen Heiligen oder eine Heilige. Sie heißen z. B. »Matthäuskirche«, »St. Magdalena« usw. Als Heilige wurden seit den ersten Jahrhunderten Menschen bezeichnet, die während der Christenverfolgungen oft mit ihrem Leben für ihren Glauben an Christus eingestanden sind. Ein anderer Name dafür ist Märtyrer (das kommt aus dem Griechischen und bedeutet »Zeuge«). Evangelische Christen beten zwar nicht zu Heiligen und verehren sie nicht. Aber auch sie können sie als Glaubensvorbilder schätzen und achten. Als in der Reformationszeit viele Kirchen evangelisch wurden, haben sie deshalb zumeist ihren alten Namen behalten. Auch Standbilder von Heiligen stehen noch in evangelischen Kirchen. Du kannst sie an bestimmten Gegenständen erkennen, die sie in der Hand halten oder die ihnen zugeordnet sind. Nicht selten sind das die Werkzeuge, mit denen sie getötet wurden.

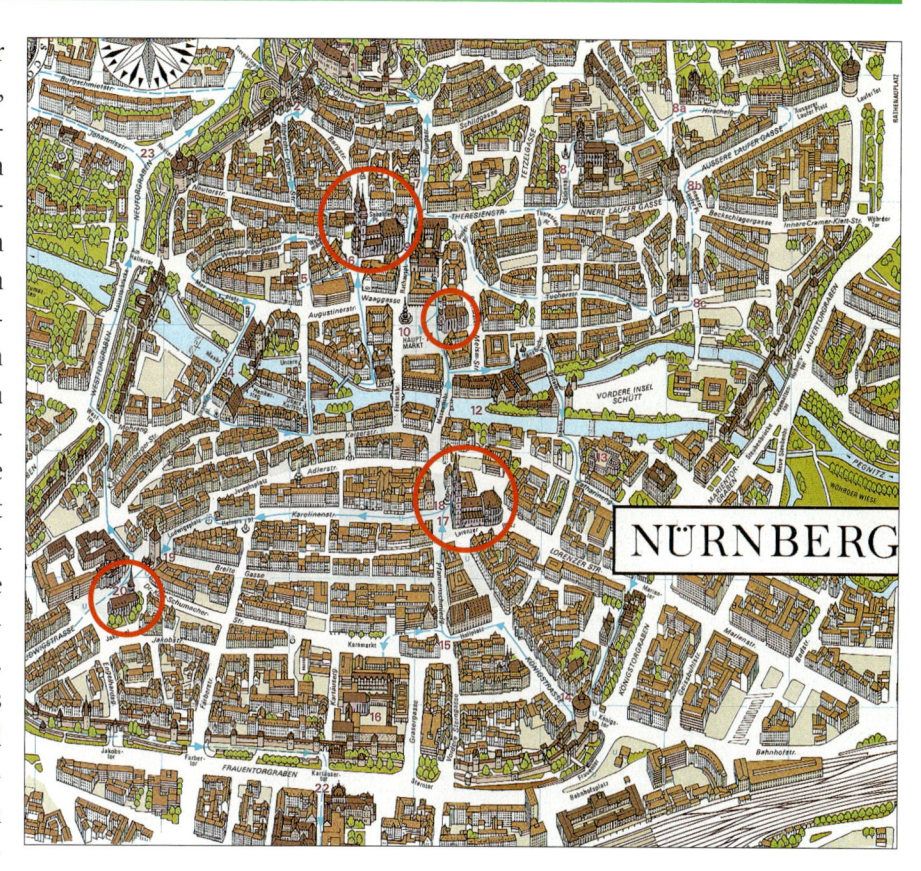

Wichtige Kirchen in der Innenstadt Nürnbergs

Aus wie vielen unterschiedlichen Kirchengemeinden kommen die Kinder in deiner Klasse?

In vielen Gegenden, besonders in Franken, gibt es Lorenz-Kirchen oder auch Laurentiuskirchen; sie sind benannt nach dem Märtyrer Laurentius († um 258 n. Chr.).

Laurentius als Namensgeber

Im 3. Jahrhundert nach Christus wirkte unter dem Papst Sixtus II. Laurentius als Diakon. Seine Aufgabe war es, für die Armen und Kranken in der Gemeinde zu sorgen.
Als es in Rom zu einer Verfolgung der Christen kam, wurde auch Papst Sixtus gefangen genommen und ins Gefängnis gebracht. Bevor er hingerichtet wurde, übergab er Laurentius mit den Worten »Ich vertraue dir die Schätze der Kirche an« einen Beutel mit dem Geld, das der Kirche gehörte. Dies wurde dem Kaiser Valerian berichtet. Er ließ Laurentius kommen und befahl ihm, diese Schätze sofort auszuliefern. Laurentius bat ihn um eine Frist von drei Tagen. Er müsse die Schätze der Kirche erst zusammensuchen, denn sie seien nicht nur an einem Ort. Die Frist wurde ihm gewährt. Er ging hin und verteilte das Geld an die Armen und Bedürftigen der Stadt Rom. Nach drei Tagen kam er in den kaiserlichen Palast und brachte viele Arme, Kranke, Behinderte und Blinde mit. Er stellte sie vor den Kaiser, der sich eine Menge Gold und Wertgegenstände erwartet hatte, und sagte: »Das ist der Schatz der Kirche.« Der Kaiser wurde böse. Er sah sich betrogen und befahl, Laurentius festzunehmen und zu foltern. Auf einem eisernen Rost wurde Laurentius lebendig verbrannt.

> **W**as hält Laurentius in der Hand?
> **F**alls deine Kirche einen Namenspatron hat, versuche etwas über ihn heraus zu finden. In vielen Kirchen liegt ein Führer aus. Du kannst auch in einem Heiligenlexikon nachschlagen.

Dietrich Bonhoeffer als Namensgeber

Auch Kirchen, die heute gebaut werden, benennt man oft nach Menschen, die als Vorbilder im Glauben gelten können. So gibt es z. B. in Deutschland, auch in Bayern, Dietrich-Bonhoeffer-Kirchen. Sie sind benannt nach dem Pfarrer Dietrich Bonhoeffer, der 1945 wegen seiner Beteiligung am Widerstand gegen Hitler und den Nationalsozialismus noch in den letzten Kriegstagen hingerichtet wurde. Er ist, wie auch Laurentius, für seine Glaubensüberzeugung in den Tod gegangen.

Vielleicht kennst du das Lied, das er im Jahr 1944 im Gefängnis gedichtet hat.
Der Kehrreim lautet:

Von guten Mächten wunderbar geborgen, erwarten wir getrost, was kommen mag. Gott ist bei uns am Abend und am Morgen und ganz bestimmt an jedem neuen Tag.

> **W**enn du einer neuen Kirche den Namen geben dürftest, wie oder nach wem würdest du sie nennen?

Eine Dietrich-Bonhoeffer-Kirche steht z. B. in München-Perlach. Sie wurde 1999 eingeweiht.

Kirchen sehen unterschiedlich aus

info Der Begriff **Stil** kommt von dem lateinischen »stilus«; das bedeutet der Griffel, die Art zu schreiben. Unter Stil versteht man die besondere Eigenart eines Künstlers, die ihn von anderen unterscheidet, aber auch die Merkmale, die für Kunstwerke in der Musik, Malerei, Baukunst usw. in einer bestimmten Zeit kennzeichnend sind.

Menschen waren zu unterschiedlichen Zeiten unterschiedlicher Auffassung darüber, wie eine richtige, schöne Kirche aussehen soll. Man kann zumeist schon am Äußeren und natürlich auch an der Inneneinrichtung erkennen, in welchem Stil eine Kirche erbaut wurde, aus welcher Zeit sie also ungefähr stammt.

Moderne Kirchen (ab etwa 1900):

Moderne Kirchen gibt es in vielfältigen Formen. Sie zeichnen sich aus durch eine Neigung zu Klarheit und Sachlichkeit. Häufig werden moderne Baumaterialien verwendet, wie Beton, Stahl und Glas, aber auch Holz kommt oft zum Einsatz. Manches Mal steht der Glockenturm getrennt von der Kirche.

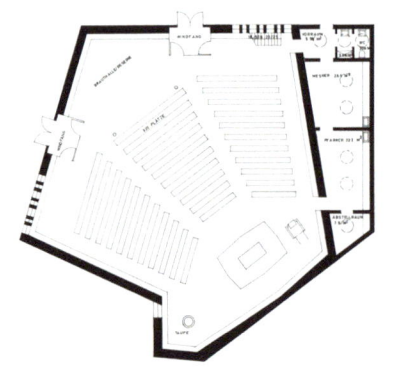

In welchem Stil ist deine Kirche gebaut?

Romanik (950–1250):

»Romanik« kommt von »Romanus«, d. h. römisch

Typische Merkmale:
Dicke Mauern mit kleinen Rundbogenfenstern, die nur wenig Licht in den Kirchenraum lassen, mächtige Säulen und wuchtige (Doppel-) Türme, einfacher Grundriss

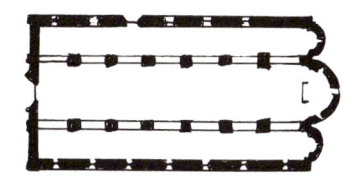

Gotik (1250–1500):

»Gotik« heißt das Barbarische = Rohe, Hässliche und ist ein abwertender, später entstandener Begriff

Typische Merkmale:
Hohe Spitzbogenfenster, die Licht in den Innenraum strömen lassen, häufig bunte Glasfenster, hochstrebende, schlanke Säulen, stark gegliederter Grundriss

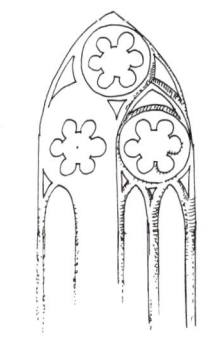

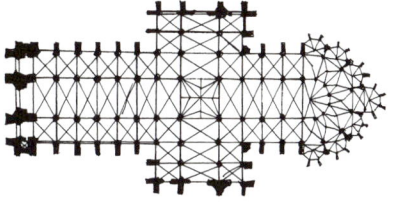

Barock (1650–1750):

»Barock« kommt aus dem Portugiesischen und bedeutet »schiefrunde Perle«

Typische Merkmale:
Geschwungene Linien, mehrere Räume ineinander gefügt, reicher Schmuck, vergoldete Statuen, Engel, hohe lichte Kuppeln und Gewölbe

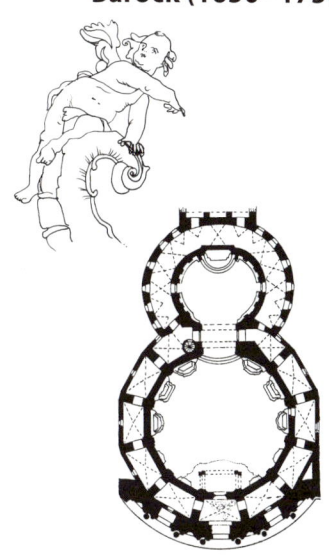

Kirche kann man sehen

Wenn du bei uns in Deutschland in einen Ort kommst, dann siehst du die Kirche und vor allem den Kirchturm häufig schon von Weitem. In einem kleineren Ort steht eine Kirche meist im Zentrum, oft auf dem Marktplatz, neben dem Rathaus.

In einer Großstadt kann es sein, dass man eine Kirche erst dann entdeckt, wenn man unmittelbar davor steht. Vorher war sie vielleicht zwischen lauter hohen Häusern verborgen.

So gut wie alle alten Kirchen haben einen Kirchturm. Meistens ist er gekrönt von einer Wetterfahne, manches Mal von einem Wetterhahn oder einem Turmkreuz. In alter Zeit wohnte auf diesem höchsten Gebäude eines Ortes gewöhnlich der Türmer. Der konnte von hier oben aus sehen, ob sich Feinde näherten oder im Ort ein Brand ausbrach. So konnte er die Leute warnen. Das ist heute nicht mehr nötig. Beim Bau moderner Kirchen verzichtet man oft auf den Turm. Bei älteren Kirchen ist am Turm häufig auch eine große Uhr angebracht. Sie sagte früher den Menschen, »was die Stunde geschlagen hat«, aber auch heute noch zeigt sie uns die richtige Zeit.

Oben: St. Georgs-Kirche auf dem Marktplatz in Pyrbaum, Dekanat Neumarkt/Opf.

Unten links: Kirchen vor der Skyline Frankfurts

Unten rechts: Erlöserkirche, Nürnberg

Kirche kann man hören

Die Glocken

Vom Turm der Kirche läuten Glocken. Glocken werden aus Bronze oder Stahl gegossen. Sie werden im Glockenstuhl (meist oben im Kirchturm) aufgehängt und lassen ihren Klang durch offene Fenster, so genannte Schall-Löcher oder -Luken weithin hörbar ertönen.

Glocken gibt es in der christlichen Kirche seit dem frühen Mittelalter. Die Glocken (sehr oft sind es drei von unterschiedlicher Größe) begleiten das Leben der Gemeinde, Tageszeiten und Ereignisse. Sie rufen zum Sonntagsgottesdienst, zur Hochzeit und Taufe. Sie verkünden, in Dörfern und Kleinstädten, wenn jemand gestorben ist. Und sie erinnern auch heute noch in vielen Gemeinden an die Gebetszeiten Morgen, Mittag und Abend.

> Hat das Läuten der Glocken heute noch einen Sinn?
> Manche Leute beschweren sich über den »Lärm«, den die Glocken machen. Andere sagen: »Ohne das Läuten der Glocken würde mir etwas fehlen.« Was meinst du?

Die Orgel

Dass man in einer Kirche ist, kann man nicht nur sehen, sondern sehr oft auch hören, nämlich am Spiel des Instrumentes, das für Kirchen typisch ist, der Orgel. Beim Sonntagsgottesdienst z. B. begleitet sie den Gesang der Gemeinde.

Der Begriff »Orgel« kommt vom griechischen Wort »organon«, was so viel wie »Werkzeug« oder »Instrument« bedeutet. Die Orgel, das größte Instrument überhaupt, ist ein Tasteninstrument mit Pfeifen, welche durch verdichtete Luft zum Erklingen gebracht werden.

Die meisten Orgeln haben mehrere Manuale (zum Spielen mit den Händen) und ein Pedal (zum Spielen mit den Füßen). Die Orgel in der Kirche will die Gemeinde zum Singen und zum Lob Gottes anregen.

> Zum Lob Gottes ertönen in der Kirche viele unterschiedliche Stimmen: von den großen Kirchenchören, über einen Kinder- oder Gospelchor, bis zum Flötenkreis oder einer Rockband. Welche Musikgruppen gibt es in deiner Gemeinde?

Was man in jeder christlichen Kirche findet

Wenn man eine Kirche betritt, ob es nun eine alte oder eine neue ist, bemerkt man viele Einzelheiten. Moderne Kirchen unterscheiden sich zwar von alten, aber in jeder Kirche finden wir bestimmte Gegenstände, ohne die sie keine Kirche wäre. Als erstes fällt dir sicher das Kreuz auf, das Zeichen, das alle Christen auf der ganzen Welt verbindet. Altar, Kanzel bzw. Lesepult und Taufstein sind die »Hauptstücke« einer evangelischen Kirche. Denn das Abendmahl, die Taufe und die Verkündigung des Wortes Gottes sind für evangelische Christen die entscheidenden Kennzeichen der Kirche. In einer katholischen Kirche findest du weitere Einrichtungsstücke, die in evangelischen Kirchen fehlen, z. B. das Weihwasserbecken am Eingang, den Tabernakel, einen Behälter zur Aufbewahrung der beim katholischen Abendmahl übrig gebliebenen Hostien (geweihten Oblaten aus Brot), in denen nach katholischem Glauben Christus gegenwärtig ist, auf dem Altar oder das Ewige Licht.

Auf den folgenden Seiten im Buch findest du Informationen, die dir bei der Betrachtung deiner Heimatkirche helfen können.

info *Mit einem Kompass kann man sehr leicht feststellen, dass alte Kirchen in der Regel in Ost-West-Richtung gebaut sind. Man sagt, sie sind **orientiert**. »Oriens« ist lateinisch und bedeutet Osten. Im Osten geht die Sonne auf. Im Osten liegt Jerusalem, der Ort, wo Jesus Christus gekreuzigt und auferweckt wurde. Christen bekennen Jesus Christus als das Licht der Welt. Auf dieses Licht sind sie ausgerichtet.*
In den meisten Kirchen befindet sich der Altarraum im Osten, der Kirchturm im Westen.

Altar Das Wort »Altar« kommt aus dem Lateinischen und bedeutet »hoch, erhöht«. In christlichen Kirchen ist der Altar der Ort, auf dem während des Gottesdienstes Brot und Wein für das Abendmahl ihren Platz finden. Bei den ersten Christen war der Altar zunächst nichts weiter als ein einfacher hölzerner Tisch. Später wurde er oft aus massivem Stein errichtet und erhielt manchmal auch das Aussehen eines Opfertisches oder eines Sarges. Das sollte an das Sterben und Auferstehen Jesu erinnern. Der Altar in der Kirche ist für uns Christen ein Symbol dafür, dass Gott uns zu sich einlädt.

Taufstein »Taufe« kommt ursprünglich von dem Wort »tauchen«, denn früher wurden die Täuflinge bei der Taufe in großen Becken ganz im Wasser untergetaucht. Heute steht an Stelle eines großen Taufbeckens ein kleinerer Behälter aus Bronze oder Stein für das Taufwasser, da die Täuflinge in den meisten Kirchen nur mit ein wenig Wasser benetzt werden.
Durch die Taufe wird ein Täufling in die Gemeinde aufgenommen. Die Taufe zeigt an, dass Gott den Menschen etwas Neues und Besonderes schenkt. Das Eintauchen in das Wasser steht für das Ende eines Lebens ohne Gott, das Auftauchen steht für den Beginn eines neuen Lebens mit Gott. Der Taufstein in der Kirche erinnert die Christen daran, dass Gott ihnen nahe ist und sie zu ihm gehören.

> **I**st auch deine Heimatkirche »orientiert«?
> **W**eißt du, in welcher Kirche du getauft worden bist?
> **S**icher gibt es Bilder von deiner Taufe. Hast du sie schon einmal genau angeschaut?

Kanzel Unter Kanzel verstehen wir den Platz oder das Podest, von dem aus die Predigt gehalten wird. Ursprünglich kommt das Wort Kanzel jedoch vom lateinischen »cancelli«, was auf deutsch »Schranke« heißt. Diese Schranke hing mit einer Trennung zwischen der Gemeinde und den Priestern zusammen. Die Priester saßen vorn in der Kirche im so genannten Chorraum.

Getrennt von den Priestern saß die Gemeinde im Hauptteil der Kirche, dieser Teil wird auch als Kirchenschiff bezeichnet. Von der Schranke aus, die zwischen den Priestern und der Gemeinde war, wurde gepredigt. Um dabei den Prediger besser hören zu können, erhöhte man diesen Platz. Auch nach Wegfall der Schranken ist in vielen Kirchen die Kanzel erhöht. Gelegentlich finden sich modernere Kirchen ohne Kanzel, gepredigt wird dann vom Lesepult aus.

Das Tuch, das an der Vorderseite des Altars und der Kanzel hängt, wird »Antependium« genannt. Das ist lateinisch und bedeutet »Vorhang«. Für die verschiedenen Zeiten des Kirchenjahrs gibt es Antependien in unterschiedlichen Farben und wechselnden Motiven.

Das Kreuz

Das Kreuz sieht man in einfacher Form, aus zwei gekreuzten Balken, oder als Kruzifix mit der Gestalt des gekreuzigten Jesus. Das Wort Kruzifix kommt aus dem Lateinischen und bedeutet »der ans Kreuz Genagelte«. Das Kreuz ist in der ganzen Welt das Zeichen des Christentums, so wie der Halbmond als Zeichen für den Islam oder der Davidsstern für das Judentum steht.

Das einfache Kreuz taucht erst seit dem 4. Jahrhundert in der christlichen Kunst auf, und erst seit dem 7. Jahrhundert (im Osten) und dem 10. Jahrhundert (im Westen) gibt es Darstellungen des Gekreuzigten. Seitdem aber haben ungezählte Künstler und Künstlerinnen bis in die Gegenwart hinein Kreuzesdarstellungen geschaffen.

Christen nennen sich nach Jesus Christus, der am Kreuz gestorben ist. Dieser Tod ist grausam gewesen und wurde in der Kunst durch die Jahrhunderte auch immer wieder so dargestellt. Darüber kann man erschrecken. Und es gibt heute Stimmen, auch von Christen, die fordern, man sollte auf Kreuzesdarstellungen in Kirchen verzichten. Aber der Tod Jesu am Kreuz ist für Christen ein Zeichen der Hoffnung und des Trostes. Das Kreuz weist darauf hin, dass Gott auch im Tod bei uns Menschen ist. Christen glauben, dass das Kreuz und der Tod nicht das letzte Wort haben. Gott hat Jesus Christus von den Toten auferweckt. Er hat Macht über den Tod. Deshalb ist das Kreuz für die christliche Gemeinde das Zeichen der Liebe Gottes zu uns Menschen. Und deshalb hat es seinen unaufgebbaren Platz in der Kirche.

»Kirchen« anderer Religionsgemeinschaften

info *Die **Moschee**, d. h. arabisch »Ort der Anbetung«, ist das Gotteshaus der Muslime. Vor allem in muslimischen Ländern gehört zur Moschee das **Minarett**, ein hoher schlanker Turm. Von ihm aus ruft der **Muezzin** (Gebetsrufer) die Gläubigen zum Gebet.*

Vielleicht gibt es in einer Klasse ja auch muslimische oder jüdische Mitschüler/innen. Wo treffen die sich zum Gottesdienst?

Ali geht in die Moschee

In die 5. Klasse der Realschule gehen nicht nur Kinder, die Christen sind. Ali ist 10 Jahre alt und wohnt in Lauingen. Ali ist Moslem. Er geht mit seinem Vater zum Gottesdienst nicht in eine Kirche, sondern in die Moschee.

In vielen Orten leben bei uns Menschen muslimischen Glaubens. Auch sie treffen sich wie die Christen zum Gottesdienst, zum Beten und Feiern. Oft tun sie das in unscheinbaren Gebäuden, die von außen gar nicht wie ein Gotteshaus aussehen. Aber vor allem in den Städten findest du auch Gebäude, die in manchem mit einer Kirche zu vergleichen sind.

> **G**ibt es eine Moschee in deinem Heimatort?
> **H**ast du sie schon einmal besucht (z. B. an einem »Tag der offenen Moschee«)?

Die Moschee in Lauingen: Sie ist die erste Moschee in Bayern mit Minarett. Das Minarett ist 28 m hoch. Das Dach der Moschee besteht aus 5 Kuppeln, die mit Kupfer beschlagen sind. Neben einem Gebetsraum finden sich dort weitere Gemeinderäume.

> **info** **Synagoge** heißt Versammlung und Versammlungsort. An der Stirnwand der Synagoge, die in Richtung Jerusalem »orientiert« ist, befindet sich der **Thoraschrank**, in dem die Thorarollen aufbewahrt werden. Das sind Schriftrollen, die die 5 Bücher Mose in hebräischer Sprache enthalten.

David geht in die Synagoge

Auch David geht in die 5. Klasse der Realschule. David gehört zur jüdischen Gemeinde seiner Heimatstadt. Er besucht zum Gottesdienst die Synagoge.

> **W**enn du den Innenraum einer Synagoge mit einer Kirche vergleichst, was fällt dir dann auf?

Innenraum der Synagoge in Nürnberg

Lebendige Steine –
Menschen in der Kirche

Die Kirche (das Kirchengebäude) ist sehr oft nicht das einzige Bauwerk, das zu der Gemeinde gehört. Vielleicht gibt es bei euch ein richtiges Gemeindezentrum oder wenigstens ein Gemeindehaus, einen Kindergarten, eine Diakoniestation …

Warum braucht man in einer Gemeinde nicht nur eine Kirche? Eine christliche Gemeinde feiert nicht nur Gottesdienst. Christen sind Menschen, die die Botschaft von Jesus Christus hören, an ihn glauben und nach seinem Wort leben und handeln – nicht nur am Sonntag. Man kann es in einem Bild ausdrücken: Kirche, das sind nicht einfach tote Steine, sondern sie besteht aus lebenden Steinen, den Menschen, die in ihr leben und arbeiten.

Gott baut ein Haus

1. Gott baut ein Haus, das lebt, aus lauter bunten Steinen, aus großen und aus kleinen, eins, das lebendig ist.

2. Gott baut ein Haus, das lebt;
wir selber sind die Steine,
sind große und auch kleine,
du und ich.

3. Gott baut ein Haus, das lebt;
aus ganz, ganz vielen Leuten,
die in verschiednen Zeiten
hörten von Jesus Christ.

4. Gott baut ein Haus, das lebt;
er sucht in allen Ländern,
die Menschen zu verändern,
wie's dafür passend ist.

5. Gott baut ein Haus, das lebt;
er selbst weist dir die Stelle,
in Ecke, Mauer, Schwelle,
da, wo du nötig bist.

6. Gott baut ein Haus, das lebt;
er gibt dir auch das Können,
lässt dir den Auftrag nennen,
damit du nützlich bist.

Text und Melodie: Waltraut Osterlad, Rechte bei der Urheberin

Die Kirche: ein Leib mit vielen Gliedern

📖 Niemand hat seine Fähigkeiten für sich allein:

Der Körper des Menschen ist einer und besteht doch aus vielen Teilen. Aber all die vielen Teile gehören zusammen und bilden einen unteilbaren Organismus. So ist es auch mit Christus: mit der Gemeinde, die sein Leib ist. Denn wir alle, Juden wie Griechen, Menschen im Sklavenstand wie Freie, sind in der Taufe durch denselben Geist in den einen Leib, in Christus, eingegliedert und auch alle mit demselben Geist erfüllt worden. Ein Körper besteht nicht aus einem einzigen Teil, sondern aus vielen Teilen. Wenn der Fuß erklärt: »Ich gehöre nicht zum Leib, weil ich nicht die Hand bin« – hört er damit auf, ein Teil des Körpers zu sein? Oder wenn das Ohr erklärt: »Ich gehöre nicht zum Leib, weil ich nicht das Auge bin« – hört es damit auf, ein Teil des Körpers zu sein? Wie könnte ein Mensch hören, wenn er nur aus Augen bestünde? Wie könnte er riechen, wenn er nur aus Ohren bestünde? Nun aber hat Gott im Körper viele Teile geschaffen und hat jedem Teil seinen Platz zugewiesen, so wie er es gewollt hat. Wenn alles nur ein einzelner Teil wäre, wo bliebe da der Leib? Aber nun gibt es viele Teile und alle gehören zu dem einen Leib. Das Auge kann nicht zur Hand sagen: »Ich brauche dich nicht!« Und der Kopf kann nicht zu den Füßen sagen: »Ich brauche euch nicht!« Gerade Teile des Körpers, die schwächer scheinen, sind besonders wichtig ... Gott wollte, dass es keine Uneinigkeit im Körper gibt, sondern jeder Teil sich um den anderen kümmert. Wenn irgendein Teil des Körpers leidet, leiden alle anderen mit. Und wenn irgendein Teil geehrt wird, freuen sich alle anderen mit. Ihr alle seid zusammen der Leib von Christus, und als Einzelne seid ihr Teile an diesem Leib.

1. Kor 12,12–27

> **W**as bedeutet dieses Bild auf die Gemeinde übertragen?
> **W**as sagt es über das Verhältnis der Menschen in einer Gemeinde aus?

info

*In einer **Kirchengemeinde** gibt es viele Menschen, die mitarbeiten und mitwirken. Man unterscheidet hauptamtliche Mitarbeiter/innen, wie Pfarrer/in, Diakon/in, Mesner/in, Kindergärtner/in ... und nebenamtliche Mitarbeiter/innen, wie z. B. Organist/in, Lektor/in ... oder andere freiwillige Helfer/innen bei Veranstaltungen und Vorhaben der Gemeinde. In großen Gemeinden kann es natürlich auch hauptberufliche Organist/innen geben. Ob jemand hauptberuflich und bezahlt in der Gemeinde arbeitet oder ehrenamtlich und unbezahlt – sie alle zusammen sind erst **die ganze Kirche**. Und sie alle sind gleich wichtig.*

In einer Kirchengemeinde wirken viele Menschen zusammen

Wenn eine Kirchengemeinde einen neuen Pfarrer oder eine neue Pfarrerin sucht, gibt sie dazu so etwas wie eine Stellenanzeige im Amtsblatt der bayerischen Landeskirche auf. Darin beschreibt sie unter anderem das Leben in der Gemeinde, welche Veranstaltungen es da gibt, welche Menschen in der Gemeinde mitarbeiten ... Ein Ausschnitt aus einer solchen Beschreibung:

Pfarrstelle Pyrbaum, Dekanatsbezirk Neumarkt/Opf.

Kirchengemeinde: Pyrbaum im Einzugsbereich des Großraums Nürnberg verkehrsgünstig an Grenze zwischen Oberpfalz und Mittelfranken. Lebendige Gemeinde, in vergangenen Jahren durch Zuzüge vor allem jüngerer Familien gewachsen. Ca. 2110 Gemeindeglieder. Anteil Evangelischer in Pyrbaum 60%, in den bis zu 8km entfernten Außenorten z. T. Diaspora. Viele Pendler. Gottesdienste ... wöchentlich in der St.-Georgs-Kirche in Pyrbaum (15. Jh., 1994 renoviert, neue Orgel, Lautsprecheranlage, 400 Plätze). Abendmahl monatlich und an Festtagen. Familiengottesdienste, ökumenische Krabbel-Gottesdienste jährlich, Weltgebetstag, Osternacht, Kantatengottesdienste. Kindergottesdienst als monatlicher Kinderbibeltag. Gemeindehaus mit großem Saal und mehreren Gruppenräumen. Gruppen: Kirchenchor, Musikgarten »für Kinder, Mutter-Kind-, Kinder- und Jugendgruppen, Frauen-, Senioren-, Besuchs-, Hausbibelkreis, Ökumenische Nachbarschaftshilfe, Kindergottesdienst-Team, Projektgruppen, regelmäßiger Leiterinnen- und Leitertreff. Bisher unter der Leitung des Pfarrers: Projektgruppen und Teams. Alle anderen Kreise von Ehrenamtlichen geleitet. Über 140 Ehrenamtliche arbeiten mit, darunter 2 Lektoren und 6 liturgische Lektoren, außerdem Sekretärin (14 Std.), 4 Organisten, Chorleiter, Mesnerin. Zur Gemeinde gehört ein zweigruppiger Kindergarten ...

Welche Angaben treffen auch auf deine Gemeinde zu?
Welche Angaben, die für deine Gemeinde typisch sind, erscheinen hier nicht?

info *Der **Kirchenvorstand** leitet zusammen mit dem Pfarrer/der Pfarrerin die Kirchengemeinde. Die Mitglieder des Kirchenvorstands werden für 6 Jahre von den wahlberechtigten Gemeindegliedern gewählt. Wählen kann auch schon, wer konfirmiert ist. Gewählt werden können alle Gemeindeglieder über 18 Jahre.*

Eine Kirchengemeinde braucht eine Leitung: Pfarrer/in und Kirchenvorstand

Frau Müller ist Kirchenvorsteherin

Peters Mutter, Frau Müller, ist gerade in den Kirchenvorstand der Laurentiusgemeinde gewählt worden. Peter kann sich nicht recht vorstellen, was sie da zu tun hat. So lässt er sich von ihr berichten: »Im Kirchenvorstand beraten und entscheiden wir Kirchenvorsteher/innen zusammen mit unserer Pfarrerin über alle wichtigen Angelegenheiten unserer Gemeinde. Wir sind zuerst einmal verantwortlich dafür, dass das Geld der Gemeinde richtig verwendet wird. Z. B. beraten wir gerade jetzt darüber, ob im Gemeindehaus das Dachgeschoss ausgebaut werden kann, damit dort die Kinder und Jugendlichen der Gemeinde eigene Räume bekommen.« Peter ist Mitglied bei den Peanuts, das ist die Gruppe der 10- bis 12-Jährigen, die sich mit der Jugendleiterin einmal die Woche zum Singen, Reden und Spielen treffen. »Das wäre prima«, sagt Peter, »wenn wir einen eigenen Raum hätten. Den könnten wir herrichten, wie wir wollen. Dafür ist das Geld gut angelegt«. »Du hast Recht«, sagt die Mutter, »aber der Kirchenvorstand ist ja nicht nur für die Finanzen der Gemeinde zuständig«. »Was hat er denn noch zu tun?«, fragt Peter. »Der Kirchenvorstand legt z. B. auch fest, wann der Gottesdienst beginnen soll oder ob auch heuer wieder eine Kinderbibelwoche stattfindet, vielleicht zusammen mit der katholischen Nachbargemeinde, und vieles andere mehr. Auch wenn die Gemeinde einmal einen neuen Pfarrer brauchen sollte, entscheidet der Kirchenvorstand im Wechsel mit der Kirchenleitung über die Besetzung der Pfarrstelle mit.« »Da habt ihr ja eine Menge zu tun«. »Ja«, sagt die Mutter, »das kostet schon Zeit. Aber ich finde es wichtig, dass nicht der Pfarrer oder die Pfarrerin allein für die Gemeinde zuständig ist. In unserer evangelischen Kirche sind alle Gemeindeglieder gemeinsam für das Leben der Gemeinde verantwortlich. Und jeder kann mit den besonderen Fähigkeiten, die er oder sie hat, dazu beitragen«. »Ich auch?«, fragt Peter. »Du auch«, antwortet Frau Müller. Da hat Peter doch noch eine Frage: »Dann müsste ich doch auch den Kirchenvorstand wählen dürfen?« Seine Mutter lächelt. »Der Kirchenvorstand wird alle 6 Jahre gewählt. Beim nächsten Mal, da bist du schon konfirmiert, da darfst du mitwählen.« »Okay«, sagt Peter, »dann bekommst du auch meine Stimme.«

Kennst du die Kirchenvorsteher in deiner Gemeinde?
Welche ehrenamtlichen Mitarbeiter/innen deiner Gemeinde gibt es noch?

Kirche mit Kindern

Jesus und die Kinder

Und sie brachten Kinder zu ihm, dass er sie anrühre. Die Jünger aber fuhren sie an. Als es aber Jesus sah, wurde er unwillig und sprach zu ihnen: Lasset die Kinder zu mir kommen und wehret ihnen nicht, denn solchen gehört das Reich Gottes. Wahrlich, ich sage euch: Wer das Reich Gottes nicht empfängt wie ein Kind, der wird nicht hineinkommen. Und er herzte sie, legte die Hände auf sie und segnete sie.

Mk 10,13–16

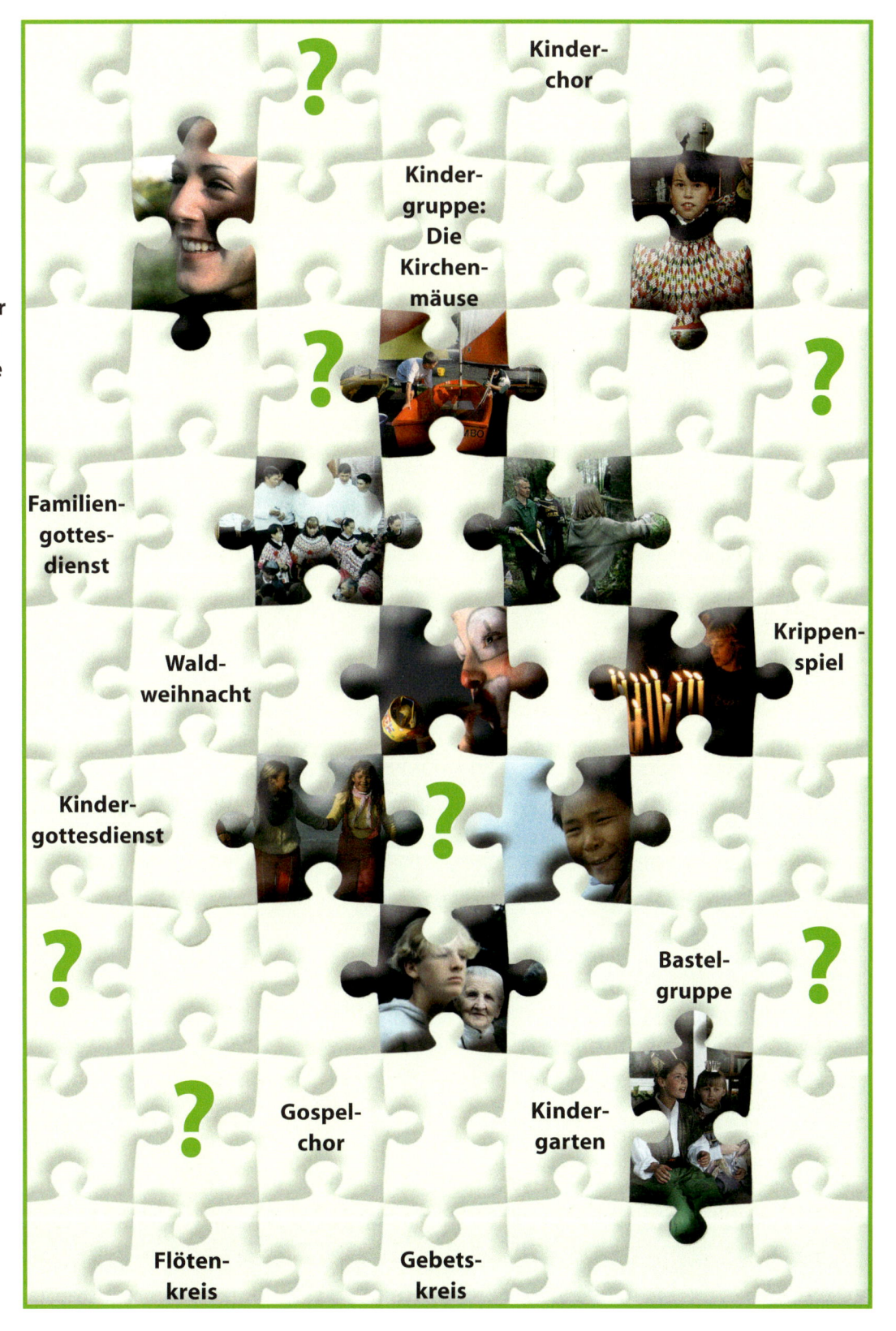

Kinder in der Kirche

Kinder-chor

Kinder-gruppe: Die Kirchen-mäuse

Familien-gottes-dienst

Wald-weihnacht

Krippen-spiel

Kinder-gottesdienst

Bastel-gruppe

Gospel-chor

Kinder-garten

Flöten-kreis

Gebets-kreis

Welche besonderen Angebote für Kinder gibt es in deiner Gemeinde?
Welche würdest du dir wünschen?

Gemeinden entstehen –
Wie der christliche Glaube zu unseren Vorfahren kam

Vielleicht hast du dich schon einmal gefragt, seit wann es in deiner Heimat christliche Gemeinden und Kirchen gibt. Unsere Vorfahren, die Germanen, glaubten an viele Götter: z. B. Wotan, den Göttervater, Donar, den Donnergott mit seinem Hammer, Freya, die Göttin der Ehe und Familie ... Sie brachten ihren Göttern Opfer dar und verehrten sie unter heiligen Bäumen. Vor etwa 1500 Jahren kamen Männer in das Land der Germanen, auch in die Gebiete des heutigen Bayern, und verkündigten einen ganz neuen Glauben: die Botschaft von dem Sohn Gottes, der die Menschen liebt. Diese Missionare, d. h. Boten, kamen aus Irland oder Schottland, wo es schon seit Langem christliche Gemeinden gab. An vielen Orten in Bayern kann man noch Spuren ihres Wirkens finden. Sehr oft wurden da, wo sie lebten, Kirchen gebaut und Klöster gegründet. Und häufig wurden sie nach ihrem Tod als Heilige verehrt.

Bonifatius –
der Apostel der Deutschen

Einer der bedeutendsten Missionare war Bonifatius, dem man den Beinamen »der Apostel – d. h. der Gesandte, der Missionar – der Deutschen« gab. Er kam im Jahre 716 aus England, zog durch das Land, predigte und gründete Kirchen und Klöster und richtete Bistümer – so nennt man den Sitz und das Gebiet eines Bischofs – ein.

▪ **S**uche auf der Landkarte die Orte in Bayern, an denen Bonifatius gewirkt hat.

Es gibt viele Geschichten vom Wirken des Bonifatius. Eine Tat hat die Menschen damals besonders beeindruckt. Darum wurde sie immer wieder erzählt:

Bonifatius fällt die Donareiche

In der Nähe von Geismar in Hessen stand eine mächtige Eiche, die dem germanischen Gott Donar geweiht war. Die Einwohner dieser Gegend hingen besonders fest ihren Göttern an. Bonifatius beschloss, ihnen zu beweisen, dass Christus mächtiger ist als all ihre Götter. »Kommt mit zur Donareiche«, rief er ihnen zu. Und seinen Genossen befahl er: »Bringt Äxte und Sägen herbei!« »Rührt ja den Baum nicht an! Donar wird euch mit seinem Hammer zerschmettern!«, schrien die Menschen. »Soll er doch seine Macht beweisen«, erwiderte Bonifatius ganz gelassen. Ruhigen Schrittes zog er hinaus zur Donareiche. Scheu und entsetzt folgten die Leute. Jeden Augenblick erwarteten sie einen Blitzstrahl vom Himmel, der den Tollkühnen niederstrecken würde. Aber kein Wölkchen zeigte sich am Himmel. An der Eiche angekommen, ergriff Bonifatius eine Axt und führte einen mächtigen Schlag gegen den Baum. Jetzt, jetzt musste Donar den Frevler töten! Aber nichts geschah. Nun hieben auch die Gefährten des Fremden aus Leibeskräften ein. Nach kurzer Zeit ging ein Beben durch den Baum, sein Wipfel neigte sich und der Riese stürzte krachend zu Boden. »Seht ihr nun, wie machtlos eure Götter sind!«, rief da Bonifatius. Schweigend verließ das Volk die Stätte. War Christus doch stärker als die Götter? In den kommenden Wochen bauten die Mönche aus dem Holze der Donareiche eine Kapelle. Nach und nach kamen die Umwohner in diese Kirche, hörten die Predigt der christlichen Missionare und ließen sich taufen.

Noch über 30 Jahre zog Bonifatius durch das germanische Land, predigte, taufte und gründete Klöster und Bistümer.

Die Tat des Bonifatius war sehr wirkungsvoll und passte auch gut in das Denken seiner Zeit. Gewalt war im frühen Mittelalter ein selbstverständliches Mittel, um Ziele durchzusetzen. Wie denken wir heute darüber?

> **info** *Eine Äbtissin ist die Leiterin eines Frauenklosters. Tauberbischofsheim, wo Lioba wirkte, ist eine Stadt in Unterfranken. Karl der Große regierte von 747 bis 814 n.Chr. das Frankenreich. Im Dom von Fulda ist Bonifatius begraben.*

Lioba – eine bedeutende Frau

Auch zur Zeit des Bonifatius gab es Arme, Alte, Kranke, Unversorgte und die Not dieser Menschen kam Bonifatius täglich vor Augen. Er wusste: Das Predigen allein hilft nichts, wenn nicht die Werke der Liebe dazu kommen. Was sollte er tun? Er erinnerte sich an eine junge Verwandte, von der er wusste, dass sie schon mit sieben Jahren in ein englisches Kloster gekommen war. An sie und ihre Freundinnen schrieb er nun: »Kommt herüber nach Germanien und helft mir. Kümmert euch um die Frauen, Mädchen und Kinder. Wenn sie für Christus gewonnen werden, folgen ihnen auch die Väter und Männer. Zudem gibt es hier viel Not zu lindern.« Er bat nicht umsonst. Lioba kam mit einigen Mitschwestern und traf Bonifatius in Mainz. Er schickte sie nach Tauberbischofsheim, wo schon ein Frauenkloster bestand und setzte sie als Äbtissin ein. Aber wie erbärmlich und notdürftig war alles gegen ihr reiches Heimatkloster in England. Da gab es viel zu tun. Es wurden Ställe, Scheunen und Werkstätten gebaut, eine Kirche und eine Mühle errichtet. Dann erst konnten die eigentlichen Aufgaben angefangen werden. Neben all der Liebestätigkeit, um die Bonifatius sie gebeten hatte, wurde in Tauberbischofsheim noch eine Aufgabe erfüllt, der sich Lioba mit besonderem Geschick widmete: In einer eigenen Schule wurden Mädchen unterrichtet. Außerdem lernten sie die lateinische Sprache, damit sie die Bibel selber lesen konnten. Liobas Schule war bald weit berühmt und selbst Eltern aus fernen Gegenden brachten ihre Töchter zu ihr. Auch als Ratgeberin bewährte sich Lioba. Bonifatius besprach oft schwierige Fragen mit ihr und in ihren alten Tagen wurde sie sogar an den Hof Karls des Großen gerufen, um der erkrankten Gemahlin des Herrschers beizustehen. Mit fast 80 Jahren starb sie und wurde in Fulda begraben. Man schrieb das Jahr 782.

> **D**ass auch Mädchen in die Schule gingen, war damals etwas Besonderes. Wie ist das heute?

> **info** **St. Gallen** liegt in der Schweiz. Kempten ist eine alte Stadt, die von den Römern gegründet wurde. Die **Kelten** sind ein Volk, das schon vor den Germanen in Bayern lebte.

St. Mang (Magnus) – der Apostel des Allgäus

Um das Jahr 720 lebte in dem Schweizer Kloster St. Gallen ein Mönch mit Namen Magnus (Mang). Von einem Priester namens Tozzo hörte er, dass im Allgäu noch viele Heiden lebten, die nichts von Christus wussten. Magnus machte sich mit einem anderen Mönch aus St. Gallen, Theodor, und mit Tozzo auf den Weg. In Kempten fanden sie die alte, von den Römern und Kelten verlassene Stadt in Trümmern und unbewohnbar. Schlangen und andere wilde Tiere machten den Aufenthalt dort unmöglich. In mühevoller Arbeit säuberten die Männer einen Teil des Ortes wieder von Schutt und bauten eine Kirche. An ihr blieb Theodor zurück. Tozzo und Magnus aber zogen weiter zum Bischof von Augsburg. Mit ihm besprachen sie, wie man den Christenglauben im Allgäu verbreiten könnte.

Der Bischof sandte Magnus den Fluss Lech aufwärts. Ein christlicher Missionar war dorthin noch nicht vorgedrungen. Wo heute die Stadt Füssen liegt, baute Magnus eine Zelle, eine armselige Holzhütte. Wie zuvor in Kempten, musste er auch hier erst in der Wildnis Platz für eine Ansiedlung schaffen. Aus den dichten Wäldern mussten die Bären vertrieben werden. Ein Eisenerzlager wurde entdeckt. Nun konnten sich Bergleute, Schmiede und andere Handwerker niederlassen. Magnus wurde bald bekannt und nach und nach kamen andere Männer, um mit ihm zu leben, zu beten und das Wort Gottes zu verkündigen. Aus der Zelle des Einsiedlers wurde ein Kloster. In späteren Zeiten wurden über Magnus viele Wundergeschichten berichtet. Es wurde erzählt, dass er Blinde geheilt, Schlangen und Drachen bekämpft und Bären zu seinen Dienern gemacht habe. Damit wollte man nicht nur die Gefährlichkeit seines Lebens schildern, sondern auch sagen, dass er zum Helfer und Freund der Menschen dieses abgelegenen Tales geworden war.

Das Andenken an ihn, der am 6. September 750 starb, bewahren die St.-Mang-Klöster in Füssen und Kempten. Bis heute führt er den Ehrentitel »Apostel des Allgäus«.

> **W**er brachte den christlichen Glauben in deine Heimat?

Zum Nachdenken

Ist die Kirche tot?

Kalte Gleichgültigkeit und Interesselosigkeit, das war die Atmosphäre in Yonderton, als der Pfarrer Herbert Wright sein Amt antrat. Am ersten Sonntag predigte er in einer völlig leeren Kirche. Am zweiten Sonntag war es genauso. »Die Kirche ist tot«, sagte man ihm, »tot, ohne irgendwelche Hoffnung auf Wiederbelebung.« Aber – am Donnerstag nach jenem trostlosen zweiten Sonntag geschah es, dass eine Anzeige in der Zeitung des Nachbarortes erschien. Sie stand als erste Nachricht in der Spalte »Neues aus Yonderton« und war in Form einer Todesanzeige gehalten. Sie lautete: »Mit dem Ausdruck tiefsten Bedauerns und mit Zustimmung seiner Gemeinde meldet Herbert Wright, Pfarrer zu Yonderton, den Tod der Kirche St. Francis zu Yonderton. Die Trauer- und Gedächtnisfeier findet am Sonntagmorgen um 11 Uhr statt. Die Bewohner von Yonderton sind hiermit herzlichst eingeladen, an diesem letzten Akt ihrer Dorfkirche teilzunehmen.«

Am Sonntag war die bis dahin verachtete und stark verschmutzte Kirche gedrängt voll. Als ich die Kirche betrat, sah ich sogleich einen Sarg auf einer Bahre vor dem Altar stehen. Es war ein schlichter Eichensarg, nur mit einem vergoldeten Kruzifix geschmückt. Pünktlich um 11 Uhr bestieg der Pfarrer die Kanzel: »Meine Freunde«, sagte er, »bevor wir mit unserer Trauerfeier beginnen, möchte ich eine Bitte äußern: Ich habe nicht die Absicht, auswärtigen Kirchgängern den Zutritt zu dieser Kirche zu wehren, aber bei dieser Gelegenheit bitte ich alle, die nicht in unserer Gemeinde wohnen, das Gotteshaus zu verlassen, um unseren Gemeindegliedern Platz zu gewähren.« Einige Augenblicke herrschte tiefes Schweigen, dann erhoben sich viele der Anwesenden und verließen die Kirche. Nur die Mitglieder der Gemeinde von Yonderton waren noch geblieben. Nun begann der Pfarrer zu sprechen. »Sie haben mir klar gemacht, dass Sie ernstlich davon überzeugt sind, unsere Kirche sei tot. Sie haben auch keinerlei Hoffnung auf Wiederbelebung; ich möchte nun diese Ihre Meinung auf die letzte Probe stellen. Bitte, gehen Sie alle, einer nach dem anderen, an diesem Sarg vorüber, und sehen Sie sich den Toten an; dann verlassen Sie die Kirche durch das Ostportal.« Alle Augen waren auf den Sarg gerichtet. »Danach werde ich die Trauerfeier allein beschließen. Sollten aber einige unter Ihnen ihre Ansicht ändern und doch glauben, eine Wiederbelebung der Kirche sei vielleicht doch noch möglich, dann bitte ich diese, durch das Nordportal wieder hereinzukommen. Statt der Trauerfeier würde ich dann einen Dankgottesdienst halten.«

Ein bedrückendes Schweigen folgte diesen Worten. Der Pfarrer trat an den Sarg und öffnete ihn. Einer der letzten in der Prozession war ich, und so hatte ich Zeit genug, darüber nachzudenken: »Was ist eigentlich die Kirche? Woraus besteht sie? Wer wird wohl in dem Sarg liegen?«

Und nun war es soweit, dass ich die tote Kirche sehen sollte. Unwillkürlich schloss ich die Augen, als ich mich über den Sarg beugte. Als ich die Augen öffnete, sah ich nicht die ganze Kirche kalt und leblos im Sarg liegen, sondern nur eines ihrer toten Glieder: Ich sah …

Wen hat er gesehen?

Wenn du dieses Kapitel im Unterricht und zu Hause bearbeitet hast, weißt du,

   wo das Wort Kirche herkommt und kennst die verschiedenen Bedeutungsmöglichkeiten des Wortes Kirche.

wissen

Du kannst erklären,

   woher Kirchen ihre Namen haben und kennst Beispiele dafür.

kennen

Du kennst

   wichtige Baustile und deren Merkmale.

Du kannst

   die »Hauptstücke« einer evangelischen Kirche benennen und weißt über deren Bedeutung Bescheid.

können

Du verstehst

   die Bedeutung des Kreuzes bzw. des Kruzifixes für die christliche Kirche.

Du weißt

   einiges über die Kirchenglocken.

informiert sein

Du hast

   einen Eindruck von einer Moschee und einer Synagoge.

Du kennst

   Bilder für das Leben in der Gemeinde, wie Leib und Glieder oder lebendige Steine, und weißt, was sie sagen wollen.

erklären

Du weißt,

   welche Gruppen von ehrenamtlichen und hauptamtlichen Mitarbeitern es in einer Kirchengemeinde gibt und kannst die Mitarbeiter in deiner Gemeinde nennen.

begründen

Du weißt Bescheid

   über den Kirchenvorstand einer Gemeinde.

Du kannst Beispiele dafür nennen,

   wie in einer Kirchengemeinde Kinder und Jugendliche am Gemeindeleben teilnehmen können.

überprüfen

Du kennst

   einige Missionare, die den christlichen Glauben in unsere Heimat gebracht haben und weißt etwas über ihr Leben und Wirken.

beurteilen

Wer bin ich?

Wer bin ich?
Bin ich das, was andere von mir sagen
oder doch anders?
Bin ich faul oder fleißig,
frech oder aufmerksam,
musikalisch und begabt,
oder doch nur mittelmäßig?
Bin ich das, was nur ich von mir weiß:
Manchmal unsicher und verängstigt,
oft kleinlaut und müde,
immer bedacht richtig stark und cool zu sein
und meine Schwächen zu verdecken?
Wer bin ich?
Viele meinen mich zu kennen.
Kenne ich mich?

Kathrin, 12 Jahre    *Alexander, 12 Jahre*    *Vera, 11 Jahre*

Schule des Leonardo da Vinci, Kopfstudie

Mein Name

info *Wie wir heißen, wie wir gerufen werden, prägt sich tief in uns ein. In früheren Zeiten genügte meist **ein** Name. In Deutschland ist der erbliche Familienname erst seit dem 13. Jahrhundert üblich. Man besitzt diesen von Geburt an. Jeder Mensch ist auf Lebenszeit an den Namen gebunden. Änderungen des Familiennamens gibt es heute nur z. B. bei Heirat oder Adoption.*

Jeder von uns hat von seinen Eltern einen Ruf- und einen Nachnamen erhalten. Oft hat der Vorname eine besondere Bedeutung. Ich höre auf ihn. Er ist ein Teil von mir und zeigt mir, dass ich mich auch durch meinen Namen von anderen unterscheide.

Hallo, ich bin Christina

Meine Eltern haben mich nach meiner Großmutter benannt. Das ist in unserer Familie so üblich. Mein zweiter Name ist Susanne; so heißt meine Patentante.
In meinem ersten Namen steckt das griechische Wort »christianoi«, das »die zu Christus Gehörenden« bedeutet. In der Bibel steht das Wort »christianoi« in Apg 11,26. Auch mein zweiter Name hat eine Bedeutung. Er heißt auf hebräisch »Lilie«.
Meine Freundinnen nennen mich Chris. Das ist okay, denn es ist kürzer. Ich mag meinen Namen. Ich fühle mich wohl dabei, wenn ich so gerufen werde, denn mein Name hat einen schönen Klang. Ich weiß, dass viele Mädchen so heißen. Aber einen seltenen, ausgefallenen Namen möchte ich nicht haben.

Christina, 12 Jahre

Frage deine Eltern, warum sie dir ausgerechnet deinen Namen gegeben haben.
Sprich langsam deinen Namen und höre auf den Klang. Bist du mit ihm ebenso zufrieden wie Christina?
Es gibt Bücher, in denen die Namen erklärt werden. Dort kannst du die Bedeutung deines Namens nachlesen.

Max oder Robert

Herr Daubmann war neu an der Schule und unterrichtete in der 5b Mathe. Er war immer ganz auf sein Fach konzentriert; daher nannten ihn die Schüler oft spöttisch »den zerstreuten Professor«. Dass er aber nach drei Monaten Unterrichtszeit immer noch nicht die Namen der Schülerinnen und Schüler in der Klasse kannte, stieß auf gemischte Gefühle: »Ich habe gar keine Lust mehr, mich anzustrengen«, sagte Nadine. »Immer sagt Herr Daubmann Anja zu mir, wenn er mich drannimmt. Wahrscheinlich kriegt Anja dann auch meine gute Note im Zeugnis.«

»Und bei mir kann er sich noch nicht einmal einen falschen Namen merken, er sagt immer ›Du da‹. Ich antworte demnächst nicht mehr, da kann er mich noch so durchdringend angucken!«, pflichtete ihr Sabine bei. Robert und Max hatten sich etwas ganz anderes ausgedacht, um sich wenigstens über Herrn Daubmanns Vergesslichkeit lustig zu machen. Sie stellten weiterhin treu und brav Namensschilder auf, angeblich, um Herrn Daubmann zu helfen.

Aber – was er nicht ahnte – sie hatten ihre Schilder vertauscht. Das machte die Mathe-Stunde viel spannender, denn nun mussten sie die ganze Zeit darauf achten, sich immer angesprochen zu fühlen, wenn der Name des Nachbarn genannt wurde. Max riskierte sogar eine schlechte Note, denn wenn der Name »Robert« aufgerufen wurde, antwortete er wie ein Automat – er war ein Mathe-Ass –, während Herr Daubmann bei »Max« immer lange auf eine Antwort warten musste.

Die Klassenkameraden hatten ihren Spaß an diesem Verwechslungsspiel und kicherten, aber da Herr Daubmann mit seinem Stoff beschäftigt war, sagte er nur immer »Pssst, pssst«. Dieses Spiel wurde sogar so weit getrieben, dass die Mitschüler sich daran gewöhnten, in der Mathe-Stunde zu Max »Robert« und zu Robert »Max« zu sagen.

Eines Tages stand der ersehnte Klassenausflug mit dem Fahrrad vor der Tür. Die Klassenlehrerin, Frau Schweiger, und eine Referendarin, die nicht in der Klasse unterrichtete, wollten die Schüler begleiten. Alle hatten die Räder blank geputzt und einen Rucksack mit Picknicksachen dabei.

Endlich erschien die Referendarin, sogar mit Rennrad, und – nicht Frau Schweiger tauchte hinter ihr auf, sondern Herr Daubmann. Er erklärte, dass Frau Schweiger krank geworden sei und er als Ersatz mitfahren solle. »Ich kann zwar kaum Rad fahren, aber ihr werdet mir den Weg schon zeigen«, scherzte er. »Max, fährst du voraus?« Schon wollte sich Max an die Spitze des Zuges begeben, als ihn Mareike am Ärmel festhielt und ihm zuflüsterte: »Er meint doch nicht dich!« –

Natürlich! Das hätte er fast vergessen, jetzt mussten sie das Rollenspiel weiter durchhalten, sonst würde alles auffliegen. Schnell drängte er sich zu Robert durch, gab ihm einen Knuff in die Seite und murmelte: »Los, du musst vorfahren. Wir müssen uns heute zusammenreißen.« Aber das war gar nicht einfach außerhalb des gewohnten Ablaufs der Mathe-Stunde. Die Schüler lachten und achteten nicht mehr auf die alte Verabredung. Weil alle ständig durcheinander redeten, fiel Herrn Daubmann auch nicht auf, wer auf welchen Namen reagierte.

Bei all dem Gerede und Gelache war niemand ganz auf den Straßenverkehr konzentriert. Außerdem war die Ampel grün und Robert, an der Spitze, fuhr drauflos, um die Straße zu überqueren. »Max!«, war ein gellender Schrei zu hören. Es war Herr Daubmann, der gerade sah, wie ein LKW um die Ecke bog, ohne die Vorfahrt der Radfahrer und Fußgänger zu beachten. Robert fühlte sich von diesem Ruf natürlich nicht angesprochen und fuhr auf die Fahrbahn. Dann ging alles ganz schnell: Robert wurde von dem LKW erfasst und zu Boden gerissen, er schlug mit dem Kopf auf und verlor sofort das Bewusstsein. Als er im Krankenhaus wieder aufwachte, hörte er die Stimme einer Krankenschwester: »Wie heißt der Junge?«

> **W**ie findet Robert wohl jetzt seinen Spaß?
> **W**as sagt die Geschichte über die Bedeutung des eigenen Namens aus?

> **info** *Das Wort **Symbol** kommt aus dem Griechischen und bedeutet Sinnbild. Die Taube gilt als Symbol des Friedens und des Heiligen Geistes. Wasser und Licht sind im Christentum Symbole des Lebens.*

Gott sagt Ja zu mir und gibt mir Geborgenheit

Jesaja 43,1 wird sehr häufig als Taufspruch gewählt. In der Taufe sagt Gott uneingeschränkt Ja zu uns: Ja, du bist meine Tochter, du bist mein Sohn; du bist Bruder oder Schwester Jesu Christi; ich werde bei dir bleiben bis ans Ende deines Lebens und darüber hinaus.

Die meisten Kinder werden als Säuglinge getauft und damit in Gottes Lebensgemeinschaft aufgenommen. So ruht Gottes Segen für das ganze Leben auf uns. Äußeres Zeichen dafür ist das Wasser, das den Ursprung allen Lebens darstellt. Es ist Mittel und Symbol der Reinigung. Bei der Taufhandlung wird dem Täufling mit den Worten »Ich taufe dich im Namen des Vaters, des Sohnes und des Heiligen Geistes« dreimal Wasser über den Kopf gegossen. Anschließend wird der Segen zugesprochen.

Die Taufe sagt uns: Wir brauchen vor allem, was kommt, keine Angst zu haben, weder vor dem Leben noch vor dem Tod. In einer Taufpredigt hat ein Pfarrer die Bibelstelle Röm 6,3 ff wie folgt ausgelegt: »Wer als Christ getauft ist, soll wissen, dass er jetzt mit Jesus Christus ganz eng zusammen gehört. Jesus hat ja wie ein Verbrecher sterben müssen. An einem Kreuz hat man ihn hingerichtet. Aber Gott hat ihn durch diesen furchtbaren Tod hindurch wieder ins Leben geführt, in ein anderes, neues Leben! Wir feiern deshalb an Ostern die Auferstehung Jesu! Und Paulus sagt nun: Für Gott gehört ihr mit Jesus ganz eng zusammen. Ist er durch Todesgefahr und Tod hindurch ins Leben gerettet worden, dann wird euch das auch geschehen.«

In vielen Gemeinden erhalten die Kinder zur Taufe eine Kerze als Symbol des Lichts, das ja auch die Osternacht erhellt. Sie erinnert an Christus und seine Auferstehung, denn in der Alten Kirche wurde bevorzugt in der Osternacht getauft.

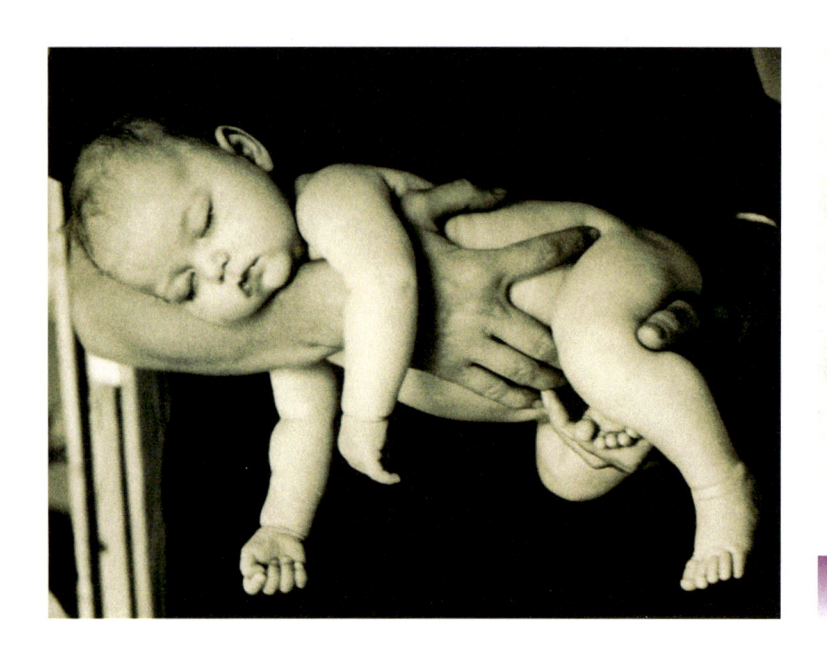

> Fürchte dich nicht, denn ich habe dich erlöst. Ich habe dich bei deinem Namen gerufen; du bist mein!
> Jes 43,1

Kennst du deinen Taufspruch?

Vergiss es nie / Du bist du

1. Vergiss es nie: Dass du lebst, war keine eigene Idee, und dass du atmest, kein Entschluss von dir. Vergiss es nie: Dass du lebst, war eines anderen Idee, und dass du atmest, sein Geschenk an dich.

Refrain
Du bist gewollt, kein Kind des Zufalls, keine Laune der Natur, ganz egal, ob du dein Lebenslied in Moll singst oder Dur. Du bist ein Gedanke Gottes, ein genialer noch dazu. Du bist du, das ist der Clou, ja, der Clou. Ja, du bist du.

2. Vergiss es nie: Niemand denkt und fühlt und handelt so wie du, und niemand lächelt so, wie du's grad tust. Vergiss es nie: Niemand sieht den Himmel ganz genau wie du, und niemand hat je, was du weißt, gewusst.

3. Vergiss es nie: Dein Gesicht hat niemand sonst auf dieser Welt, und solche Augen hast alleine du. Vergiss es nie: Du bist reich, egal ob mit, ob ohne Geld, denn du kannst leben! Niemand lebt wie du.

Originaltitel: I got you; Melodie: Paul Janz; Text: Jürgen Werth
© Paragon Music Corp.; Rechte für D, A, CH: CopyCare Deutschland, D – 71087 Holzgerlingen

> **Und Gott schuf den Menschen zu seinem Bilde, zum Bilde Gottes schuf er ihn; und schuf sie als Mann und Frau.**
> 1. Mose 1,27

In dem Buch »Anna schreibt an Mr. Gott« führt Fynn, ein junger Mann aus Irland, Gespräche mit dem Mädchen Anna. Einmal unterhalten sie sich über die Aussage der Bibel in 1. Mose 1,27. Darin steht, dass der Mensch nach Gottes Bild geschaffen wurde.

Was Anna über 1. Mose 1,27 denkt, hat Fynn aufgeschrieben:

Mister Gott hatte den Menschen geschaffen nach seinem Bilde.
War das eigentlich möglich? Stimmt das?
»Fynn, vielleicht hatte er einen riesengroßen Spiegel?«
»Wozu?«
»Ich weiß nicht, aber er könnte doch einen gemacht haben, nicht?«
»Sicher.«
»Vielleicht sind wir auf der anderen Seite?«
»Wer und wo?«
»Vielleicht sind wir die, die falschrum sind?«
»Anna, eine verrückte Idee.«
»Deshalb machen wir vielleicht alles verkehrt?«
»Ja, ja, deshalb machen wir alles verkehrt.«
So viel Verständnis konnte Anna bei mir nicht erwarten.
»Aber das ist doch klar. Jeder Idiot kann sich das ausdenken. Mister Gott macht uns nach seinem Bild. Und solche Bilder gibt's nur im Spiegel. Und im Spiegel ist alles falschrum.
Rechts und links ist links und rechts. Und darum ist Mister Gott vielleicht auf der einen Seite und wir auf der anderen. Er guckt hinein oder auch in ein Spiegelbuch, und darin sieht er sich selber, und dann sieht er sich zweimal, dreimal, Millionen mal und Squillionen mal.
Und die Squillionen Mister Gotts, das sind vielleicht wir, aber alle falschrum.
Er kann uns sehen, aber wir ihn nicht.
Wenn du in den Spiegel guckst, Fynn, dann siehst du dich.
Aber dein Gesicht im Spiegel kann dich nicht sehen.
Er kann doch aus dem Spiegel nicht rausgucken ... oder?
Aber vielleicht will er das gern?
Er kann nicht raus, und darum kann er auch nicht so werden wie Mister Gott.
Höchstens so ähnlich. Verstehst du, was ich meine?«

Verstehst du, was Anna meint?
Stimmst du ihr zu?

info **Psalmen** sind Lieder, die von Gott und dem Verhältnis zu Gott handeln. Sie wurden im Volk Israel als Sprechgesang vorgetragen und von Saiteninstrumenten begleitet. Im Alten Testament findest du 150 derartige Gebetslieder. Man unterscheidet Lob-, Dank- und Klagepsalmen. Auch heute noch werden sie von Juden und Christen gebetet und gesungen.

Edgar Degas, Ballett

Ich danke dir, dass ich wunderbar gemacht bin.
PSALM 139,14

Und was ist an *dir* so wunderbar?

Ich – meine Stärken –
meine Schwächen

Jeder von uns ist einmalig und einzigartig. Dieses zeigt sich auch in Stärken und Schwächen.

Ich bin kein Kolumbus.
Amerika kann ich nicht entdecken.
Aber nach der Wahrheit will ich ausschauen.
An die Wahrheit will ich mein Leben setzen,
meine Kraft, meine Zeit.

Ich bin kein Albert Schweitzer.
Ich kann mir kein Lambarene im Urwald bauen.
Aber nach dem Menschen will ich schauen,
der mich braucht.
Mich und meine Liebe.

Ich bin kein Astronaut.
Ich werde den Mond nicht betreten
und werde keine Planeten erforschen.
Aber Gottes Reich will ich suchen, das so ferne
ist und so nah und so anders,
so herrlich anders als alle Länder und
alle Sterne dieser Welt.

JÖRG ZINK

Wie könnte das Gedicht weitergehen?
In der Kriminalistik ist der Fingerabdruck ein wichtiges Beweismittel.
Kannst du dir erklären warum?

info ***Christoph Kolumbus*** *war ein Seefahrer, der im Auftrag des spanischen Königs 1492 einen neuen Seeweg nach Indien suchte und dabei Amerika entdeckte.*
Albert Schweitzer*, evangelischer Theologe, Arzt und Musiker ging 1913 als Missionsarzt nach Lambarene, heute in Gabun, und gründete dort ein Tropenhospital. Er erhielt 1952 den Friedensnobelpreis für seine Tätigkeit als »Urwalddoktor«.*

Friedensreich Hundertwasser, Der Weg zu Dir

Es ist oft gar nicht so leicht, die eigenen Schwächen und Stärken zu ergründen. Manchmal ist das so, als würde man durch einen langen Tunnel fahren, ehe man zu sich selbst findet.

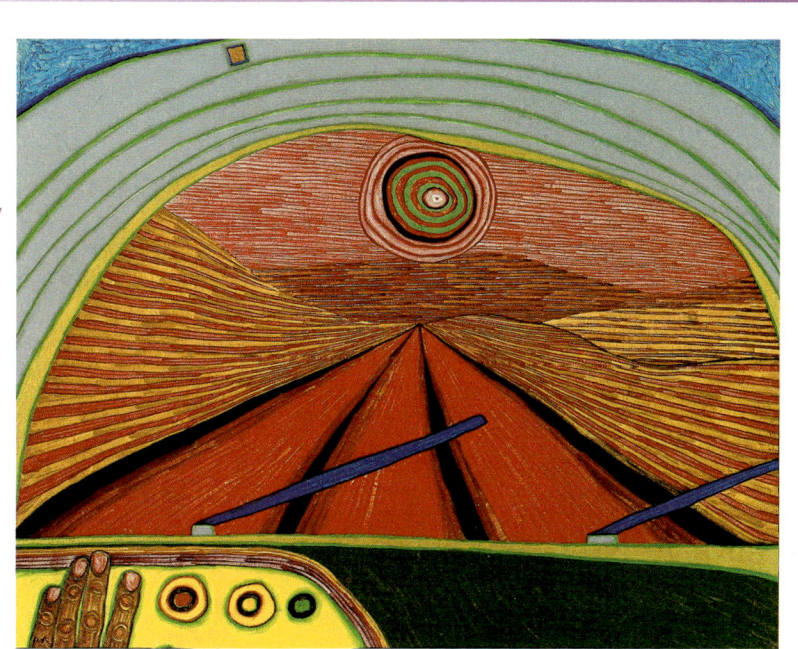

Früher arbeiteten am Königshof viele Menschen, die dafür sorgten, dass der König sich wohl fühlte. Auch Columbin lebte am Hofe. Aber er war anders als die anderen.

Columbin

Am Hofe gab es starke Leute und gescheite Leute, der König war ein König, die Frauen waren schön und die Männer mutig, der Pfarrer war fromm und die Küchenmagd fleißig – nur Columbin, Columbin, war nichts. Wenn jemand sagte: »Komm, Columbin, kämpf mit mir«, sagte Columbin: »Ich bin schwächer als du.« Wenn jemand sagte: »Wie viel gibt zwei mal sieben?«, sagte Columbin: »Ich bin dümmer als du.« Wenn jemand sagte:»Getraust du dich, über den Bach zu springen?«, sagte Columbin: »Nein, ich getraue mich nicht.« Und wenn der König fragte: »Columbin, was willst du werden?«, antwortete Columbin: »Ich will nichts werden, ich bin schon etwas, ich bin Columbin.«

Peter Bichsel

Was meint Columbin, wenn er sagt »…ich bin schon etwas«?
Welche Stärke zeichnet Columbin aus?

Zweifel an mir selbst

Meine Grenzen zu erkennen und mich so zu akzeptieren, wie ich bin, ist nicht immer einfach. Angst vor Versagen und Zweifel gehören genauso zu mir wie Mut und Selbstvertrauen. Schülerinnen haben dies auf verschiedene Arten ausgedrückt.

Nanette zeichnet ein farbiges Bild von ihrer Persönlichkeit

Nanette, 12 Jahre

Christina vertraut ihre Sorgen ihrem Tagebuch an

»Gestern habe ich wieder eine schlechte Note bekommen. In Englisch! Eine Fünf. Ich habe sofort zu weinen angefangen, weil ich in letzter Zeit nur noch schlechte Beurteilungen erhalten habe. Langsam gebe ich die Hoffnung auf, die Realschule zu schaffen. Ich sehe keinen Sinn mehr darin, zu lernen, wenn ich dann doch nur schlechte Noten kriege. Nur Vierer, Fünfer und sogar Sechser habe ich geschrieben.
Heute, endlich eine Drei! Sollte es vielleicht doch noch Hoffnung geben?«

Christina, 12 Jahre

Kannst du dir vorstellen, was Nanette mit den Farben ausdrücken wollte?

Worauf gründet sich Christinas Hoffnung?
Woher kann Christina Hilfe bekommen?

Stark oder schwach?

Der Schritt zurück

Er stand ganz am Rand. Unter ihm die Wasseroberfläche. Wie geschmolzenes Blei sah es aus. In seinen Schläfen hämmerte es. Er hatte Angst, nackte Angst. Hinter sich hörte er die Stimme seines Trainers: »Spring!« Das Pochen nahm zu, gleich musste es seinen Kopf sprengen. Zwischen ihm und der Wasseroberfläche gab es nur dieses kleine schwankende Brett, zehn Meter hoch.

Leute starrten ihn an. Sie warteten. Ihre Gesichter waren feindlich. Trotzdem fühlte er sich ihnen verpflichtet. Er musste springen, damit sie ihre Sensation bekamen. Er fühlte, dass er es nicht schaffen würde. Er war noch nicht soweit. Aber er musste beweisen, dass er ein Mann war. Lieber tot sein, als sich vor diesen Gesichtern blamieren. Nur ein paar Sekunden atmen, dachte er, mehr verlange ich gar nicht. Er blickte nach unten. Warum lächelte niemand? Lauter gespannte weiße Köpfe mit harten Augen. Sie wissen, dass ich es nicht kann. Es wurde ihm schlagartig klar. Sie wissen, dass etwas passieren wird. Warum rief ihn niemand zurück?

Aber wenn er jetzt sprang und sich für sie opferte, war er dann nicht auch so feig wie sie? Ein Schritt nur, ein Schritt. Er war so einsam. Hätte ihn jemand gerufen, wäre alles noch gut gegangen, aber sie schweigen. Seine Verachtung stieg ins Unermessliche.

Er forschte in seinem Gewissen. Wenn er sprang, war irgendetwas damit erreicht? Tat er damit etwas Falsches? Etwas Richtiges? Er wusste, was er tun sollte, warum sträubte er sich dagegen? Aber war das Springen heldenhaft, hatte es einen Sinn? Ein Schritt nur! Sein Fuß schob sich langsam vor. Dann ging ein Ruck durch seine Gestalt. Er richtete sich auf und drehte sich um. Ganz bewusst. Seine Unsicherheit war von ihm gewichen, der Druck, der auf ihm lastete, verschwand. Langsam kletterte er die Leiter herab und schritt zur Gruppe.

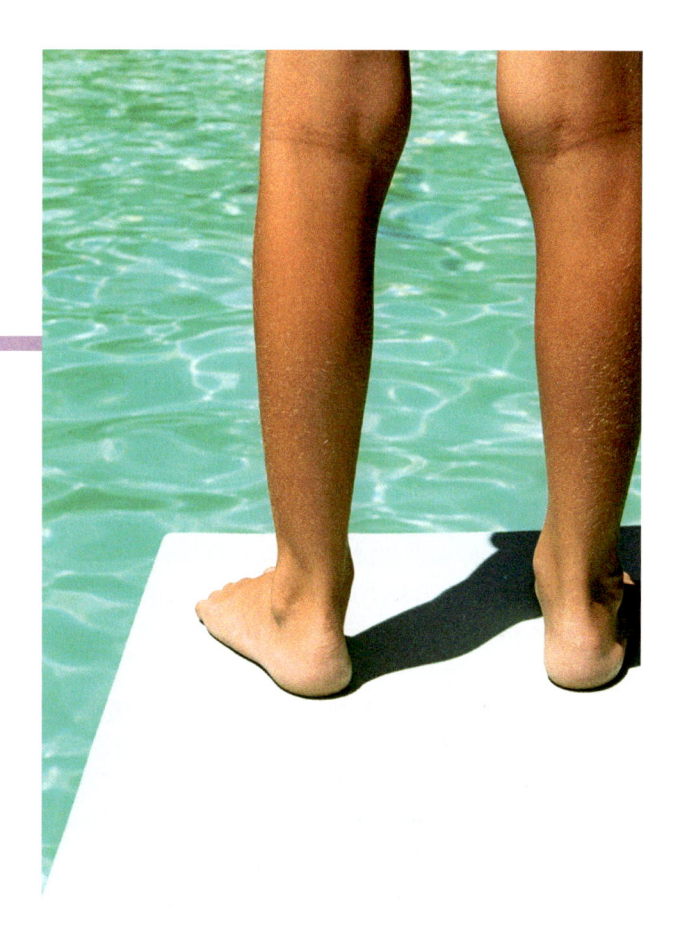

Zum ersten Mal in seinem Leben trug er den Kopf hoch. Kühl begegnete er den Blicken der anderen. Keiner sprach ein Wort oder lachte gar. Er fühlte sich so stark, als hätte er gerade die wichtigste Prüfung in seinem Leben bestanden. Er spürte so etwas wie Achtung vor sich selbst. Eines Tages würde er auch springen, das wusste er plötzlich.

Annette Rauert

Der Junge ist zufrieden mit sich selbst. Gibt es einen Grund dafür?

> **info** **Externe** sind Schüler, die die Schule eines Internats besuchen, jedoch nicht im Schülerheim wohnen.

Der deutsche Dichter Erich Kästner hat in seinem Buch »Das fliegende Klassenzimmer« das Schulleben in einem Internat geschildert. Uli, einer der Schüler, ist zwar ein guter Schüler, aber dennoch nicht zufrieden.

Ulis Angst vor der Angst

Martin, Jonny, Sebastian und Fridolin, der verwundete Externe, traten durch das Tor des kahlen, verschneiten Gartens. Martin klopfte. Und dann verschwanden sie im Eisenbahnwaggon.
Matthias und Uli blieben vor dem Tor stehen. »Da ist, scheint's, wieder mal eine feierliche Keilerei fällig«, bemerkte Matthias voller Genugtuung.
Und Uli sagte: »Vor allem müssen wir schauen, dass wir die Diktathefte wiederkriegen.« ...
»Bloß nicht!«, entgegnete Matthias. »Ich hab das dunkle Gefühl, als hätte ich furchtbaren Stuss zusammengeschmiert. Hör mal, Kleiner, schreibt man Provintz mit tz?«
»Nein«, antwortete Uli, »nur mit z.«
»Aha«, sagte Matthias. »Das hab ich also schon falsch gemacht. Und Profiand? Mit f?«
»Nein, mit v.«
»Und hinten?«
»Mit t.«
»Teufel, Teufel!«, meinte Matthias. »In zwei Wörtern drei Fehler. Die reinste Rekordhascherei!«
Sie schwiegen eine Weile. Uli trat, weil er fror, von einem Fuß auf den anderen. Schließlich sagte er: »Trotzdem würde ich sofort mit dir tauschen, Matz. Ich mache zwar nicht so viele Fehler im Diktat. Und im Rechnen auch nicht. Aber ich hätte furchtbar gerne deine schlechten Zensuren, wenn ich außerdem deine Courage hätte.«
»Das ist ja kompletter Quatsch«, erklärte Matthias. »An meiner Dummheit ist nicht zu rütteln. Da kann mir mein Alter Nachhilfestunden geben lassen, soviel er will. Ich kapiere den Kram ja doch nicht! Es ist mir, offen gestanden, auch ganz egal, wie man Provintz oder Profiand schreiben muss. Ich werde später mal Boxweltmeister, und da brauche ich keine Orthographie. Aber dass du ein Angsthase bist, das kannst du doch, wenn du willst, ändern!«

Erich Kästner

Kann Uli das wirklich ändern?
Kennst du auch solche Zweifel?

Auch meine Meinung zählt

Gott hat mir mein Aussehen, meinen Charakter, meine Neigungen und Begabungen gegeben. Ich bin anders als andere. Meine Meinung darf auch anders sein.

Die Geschichte vom grünen Fahrrad

Einmal wollte ein Mädchen sein Fahrrad anstreichen. Es hatte grüne Farbe dazu genommen. Grün hat dem Mädchen gut gefallen. Aber der große Bruder hat gesagt: »So ein grasgrünes Fahrrad habe ich noch nie gesehen. Du musst es rot anstreichen, dann wird es schön.« Rot hat dem Mädchen auch gut gefallen. Also hat es rote Farbe geholt und das Fahrrad rot gestrichen. Aber ein anderes Mädchen hat gesagt: »Rote Fahrräder haben doch alle! Warum streichst du es nicht blau an?« Das Mädchen hat es sich überlegt, und dann hat es sein Fahrrad blau gestrichen. Aber der Nachbarsjunge hat gesagt: »Blau? Das ist doch so dunkel. Gelb ist viel lustiger!« Und das Mädchen hat auch gleich gelb viel lustiger gefunden und die gelbe Farbe geholt. Aber eine Frau aus dem Haus hat gesagt: »Das ist ein scheußliches Gelb! Nimm himmelblaue Farbe, das find ich schön.« Und das Mädchen hat das Fahrrad himmelblau gestrichen. Aber da ist der große Bruder wieder gekommen. Er hat gerufen: »Du wolltest es doch rot anstreichen! Himmelblau, das ist eine blöde Farbe. Rot musst du nehmen, Rot!« Da hat das Mädchen gelacht und den grünen Farbtopf gewählt und das Fahrrad grün gestrichen, grasgrün. Und es war ihm ganz egal, was die anderen gesagt haben.

Ursula Wölfel

Manchmal

manchmal
kriech ich
in mich hinein
und bin
ganz klein
doch irgendwann
komm ich
wieder raus
und wachse
über mich hinaus

Claudia Höly

Erinnerst du dich an Situationen, in denen du erst allmählich herausgefunden hast, was du eigentlich wolltest?

Verantwortung für mich übernehmen

Die Ameise und die Grille

Eine Ameise war im Sommer ständig unterwegs und sammelte Weizen- und Gerstenkörner, um diese für den Winter einzulagern. Viele andere Tiere wunderten sich sehr, dachten sich aber nicht viel dabei. Die meisten zogen es vor, die warmen Sommertage zu genießen, zu tanzen und zu singen.

Als nun der Winter kam, lüftete die Ameise ihren Vorrat. Zitternd und hungrig kam eine Grille vorbei. »Kannst du mir nicht etwas von deinem Vorrat abgeben?«, bettelte sie. »Ich bin so hungrig.« »Was hast du denn im Sommer gemacht? Hättest du im Sommer so fleißig gearbeitet wie ich, so müsstest du jetzt nicht Hunger leiden«, entgegnete die Ameise. »Du hast ja Recht. Aber ich bin im Sommer auch nicht faul gewesen, denn ich habe den ganzen Sommer hindurch gesungen.« »Nun«, sprach die Ameise, »so lass das ganze Jahr ein Jahr der Freude sein. Tanze jetzt im Winter zu den Melodien, die du im Sommer gesungen hast.«

nach Aesop

Stephanie, 14 Jahre

Kannst du dir einen anderen Ausgang der Geschichte vorstellen?
Die Fabel ist auch auf deine eigene Situation als Schüler übertragbar.

Wenn du dieses Kapitel im Unterricht und zu Hause bearbeitet hast, weißt du,
- **warum jeder Mensch einen Namen braucht,**
- **welche Bedeutung dein Name hat.**

Du bist darüber informiert,
- **welchen Sinn die Taufe hat.**

Du weißt,
- **was die Aussage »Du hast mich bei meinem Namen gerufen« bedeutet.**

Du kannst erklären,
- **was damit gemeint ist, wenn gesagt wird, der Mensch sei nach dem Bild Gottes erschaffen.**

Du weißt,
- **dass du als Geschöpf Gottes einmalig bist und sowohl Stärken als auch Schwächen hast.**

Du hast erkannt,
- **dass deine Meinung wichtig ist.**

Du weißt,
- **dass es wichtig ist, Verantwortung für dich selbst zu übernehmen und kannst Beispiele dafür nennen.**

wissen

kennen

können

informiert sein

erklären

begründen

überprüfen

beurteilen

Bilder

S. 9: Kasimir Malewitsch, Das Fußballspiel. Nach 1914. Foto: Artothek

S. 10: Aus: Jamie Walker, Gewaltfreie Konfliktlösungen im Klassenzimmer. Hrsg. vom Pädagogischen Zentrum, Berlin 1991. © Quaker Peace and Sercice, London

S. 11, 28, 30, 88, 89: Mitte, **S. 90:** unten rechts, **S. 121:** © Bertram J. Schmidt, Baierbrunn

S. 13: © IFA-Bilderteam / ITstock

S. 14/15: Aus: Projektmanagement-Fachmann. RKW Verlag, 1. Auflage 1991

S. 16: Aus: Jack Kent, Fabeln von Äsop. Otto Maier Verlag, Ravensburg, 1980, S. 40–45

S. 17: Mit freundlicher Genehmigung des Kosmos Verlags, Stuttgart © 1964. Entnommen aus: Baeumer, Das dumme Huhn

S. 21: Foto: Artothek

S. 25: Aus: Quint Buchholz, BuchBilderBuch. © Sanssouci Verlag, Zürich

S. 26: Foto: AKG Berlin

S. 31: © IFA-Bilderteam / Otto Stadler

S. 32: Foto: Isabelle Eshraghi © Vu l'agence, Paris

S. 33: © IFA-Bilderteam / F. Lance

S. 34, 36, 47: Aus: Hubert Halbfas, Die Bibel erschlossen und kommentiert, S. 91, 349, 154, Patmos Verlag, Düsseldorf

S. 37: Foto: Sprengel Museum Hannover © VG Bild-Kunst, Bonn 2002

S. 39: akg-images / Erich Lessing

S. 41: akg-images / Rabatti-Domingie

S. 43: Foto: Kupferstich-Kabinett, Staatliche Kunstsammlungen Dresden © VG Bild-Kunst, Bonn 2002

S. 44: Ivan Steiger, Frankfurter Allgemeine Zeitung

S. 45: Aus Laubi/Fuchshuber, Kinderbibel. © Verlag Ernst Kaufmann, Lahr

S. 46: © Wolfgang Kabisch, Gütersloh

S. 48: Foto: Sprengel Museum Hannover © VG Bild-Kunst, Bonn 2002

S. 49: © Faksimile Verlag Luzern / www.faksimile.ch

S. 50: © Günther Stiller, Taunusstein

S. 55, 56, 57, 66: oben, **S. 70, 72:** unten und oben links, **S. 75, 76, 77, 79:** Fotos: Martin Potoradi

S. 60: © Bildarchiv Preußischer Kulturbesitz, Berlin 2002. Foto: Jürgen Liepe

S. 61 / 62: Grafik / Zeichnung von Martin Potoradi

S. 64: Aus: Die Bibel von A bis Z, Verlagsbuchhandel Andreas & Andreas, Salzburg. Foto: Cattoir

S. 65: Cranach Werkstatt, Erschaffung der Welt, Holzschnitt von Melchior Schwarzenberg, Foto: AKG Berlin

S. 66: unten, **S. 66 / 67:** Hintergrund, **S. 68 / 69, 71:** Bilder: Astrofoto Bildagentur, Sörth

S. 67: oben: Foto: Ken Brown, München

S. 67: Mitte: Illustration von Ilse und Rudolf Ross © 2001 (1990) Egmont Franz Schneider Verlag, München

S. 67: unten: Aus: Günter Haaf, Adam und Eva, S. 47. © 1982 by Praesentverlag Heinz Peter, Gütersloh

S. 72: Lupe von Bertram J. Schmidt unter Verwendung einer Graphik aus: Mensch und Umwelt, Wahlpflichtunterricht Biologie. © 1985 Schroedel Verlag GmbH, Hannover

S. 73: Aus: Lennart Nilsson, Ein Kind entsteht. Random House, München

S. 74: Fotos: PGI-Bildarchiv, München

S. 80: © Christian Heeb / Look

S. 82: © Siegfried Macht

S. 83: oben links, Mitte rechts (Dachau), **S. 95:** unten: Fotos: Helmut Winter, Neuendettelsau

S. 83: oben rechts: Foto: Oberfränkischer Ansichtskartenverlag Bouillon GmbH, Bayreuth

S. 83: Mitte rechts (Markt Roßtal): © 1998 Markt Roßtal

S. 83: Mitte links und unten rechts: © epd-bild / Norbert Neetz

S. 83: unten links: © epd-bild / Schürrle

S. 85: Abdruck mit freundlicher Genehmigung der iPublish GmbH, München

S. 86: Foto: Hans Bald

S. 87: oben: Eberhard Bethge, Renate Bethge, Christian Gremmels © Chr. Kaiser / Gütersloher Verlagshaus GmbH, Gütersloh

S. 87: unten: © Jens-Uwe Korff

S. 88: rechts: Copyright Gerhard Grellmann

S. 89: Foto oben: Richard Schultz/Europäische Stiftung Kaiserdom zu Speyer

S. 89: unten: Foto: Photodesign Kirsch, Farchant

S. 89: unten rechts: Grundriss aus: P. Laurentius Koch OSB, Basilika Ettal. © 1996 Buch-Kunstverlag Ettal

S. 89: Restliche Grundrisse / Details aus: M.-L. Goecke-Seischab / F. Harz: Komm wir entdecken eine Kirche. Kösel-Verlag, München

S. 90: oben: © Evang.-Luth. Kirchengemeinde Pyrbaum

S. 90: unten links: © epd-bild / Pat Meise

S. 91: oben: © epd-bild / Frank Sommariva

S. 91: unten, **S. 93:** oben, **S. 94:** oben: © epd-bild / Norbert Neetz

S. 92: © epd-bild / Kai-Uwe Huendorf

S. 93: unten: © epd-bild / Jens Schulze

S. 94: Antependien Elke Schmidt © J.P. Peter Verlag, Rothenburg o. d. T.

S. 95: oben: © Vamos, c/o Christa Moser, Ludwig-Thoma-Str. 12, 82205 Gilching

S. 96: Foto: Stadt Lauingen

S. 97: Foto: Israelitische Kultusgemeinde, Nürnberg

S. 99: © VG-Bild-Kunst, Bonn 2002

S. 102: Kindergottesdienstlogo © Landesverband für Kindergottesdienstarbeit, Nürnberg

S. 103: Bertram J. Schmidt unter Verwendung einer Grafik von Gisbert Moggert, Regensburg

S. 104: Aus: Eckert, Steinwede, Loose: Bildwerk zur Kirchengeschichte. Christopherus-Burckhardthaus-Verlag E. Kaufmann. Bd. 1, 1994. Begleitheft zu Bild 55–90, S. 136

S. 105, 106, 107: © Rita Schwilgin, Anzing; Aus: Kirchengeschichtliches Lesebuch, Bd. 1. Hrsg. vom Evang.-Luth. Landeskirchenrat, 1970

S. 111: Foto: Scala, Florenz

S. 114, 122: © IFA-Bilderteam

S. 117: akg-images / Erich Lessing

S. 118: Aus: Wolfgang Dietrich, Exemplarische Bilder 1. © Verlag Herder, 2. Auflage 1980

S. 119: Friedensreich Hundertwasser, (626) Der Weg zu Dir, 1966 © J. Harel, Wien

S. 121: © Daly & Newton / Getty Images

S. 123: © Karl-Heinz Raach / Look

Texte

S. 8: Aus: Neuen Atem holen. Gebete und Gedanken zum Beginn des Schultags, S. 37. Hrsg. von der Gymnasialpädagogischen Materialstelle der Evang.-Luth. Kirche in Bayern. Don Bosco Verlag, München, Claudius Verlag, München

S. 10: Aus: Religion 5. Calwer Verlag, Stuttgart 1996, S. 156

S. 11: unten: Rechte bei Christopherus Verlag, Freiburg / Verlag Ernst Kaufmann, Lahr

S. 13: Aus: Dietrich Steinwede, Vorlesebuch Religion 2. Verlag Ernst Kaufmann, Lahr

S. 19: Aus: Gemeindebrief Nagold, 1995

S. 20: Aus: Schüler beten. Anregungen zum täglichen Schulgebet. Hrsg. vom Schulreferat des Bischöflichen Ordinariats, Augsburg 1989

S. 24: Aus Fjodor M. J. Dostojewskij, Gesamtwerk. Übersetzt von E. K. Rahsin. Piper Verlag, München

S. 26: Aus: Michael Ende, Die unendliche Geschichte, S. 11. Thienemanns Verlag, Stuttgart

S. 29: Aus: Religionspädagogische Hefte 6/85, S. 4 und 5 (verändert). Hrsg. von der Evangelischen Kirche in der Pfalz

S. 30: oben: Aus: Neumüller, Gebhard: Religion 5/6. Leitmedien. Evangelischer Presseverlag Pfalz, 1996

S. 30: unten: Rechtsnachfolge Karl Rahner

S. 36: Rainer Streng, Huthstr. 41, 91301 Forchheim (leicht verändert)

S. 39: unten, **S. 47:** unten: Aus: Evangelisches Gesangbuch Ausgabe für die Evangelisch-Lutherische Kirchen in Bayern und Thüringen, S. 1496, 1021. Evangelischer Presseverband für Bayern e.V., München

S. 40: Gustav Franz, David kommt an den Königshof. Aus: Unterrichtsideen Religion 5, S. 59 (gekürzt). Calwer Verlag, Stuttgart

S. 42: Gerhard Büttner, David im Selbstgespräch. Aus: Unterrichtsideen Religion 5, S. 60. Calwer Verlag, Stuttgart

S. 46: Aus: SpurenLesen 5, S. 106f. Calwer Verlag, Stuttgart

S. 50: unten: Übersetzt von Grete Leitgeb. Karl Rauch Verlag, Düsseldorf

S. 51/52: Gekürzte Fassung des Textes: Der Augsburger Kreidekreis von Bertold Brecht. Aus: Bertolt Brecht, Gesamtwerk in 30 Bänden. Suhrkamp Verlag, Frankfurt/Main 1967

S. 54: Text von Selma Lagerlöf. Übersetzt von Marie Franzos. Rechte bei Nymphenburger Verlag, München

S. 57: Nacherzählt aus: Jan Knappert, Lexikon der afrikanischen Mythologie, S. 288. Wilhelm Heyne Verlag, München 1995

S. 58: Aus: Indianermärchen. Hrsg. von Frederik Hetmann. Fischer Taschenbuch Verlag, Frankfurt, 1970

S. 68/69: Aus: Ernesto Cardenal, Das Buch von der Liebe. Lateinamerikanische Psalmen, S. 130–134. Peter Hammer Verlag, Wuppertal

S. 70: Aus: Eckart Bücken (Hrsg.), In und mit der Natur. S. 152 f. Burckhardthaus-Laetare Verlag, Offenbach 1983

S. 71: Aus: Kevin W. Kelley (Hrsg.), Der Heimatplanet. Verlag Zweitausendeins, Frankfurt 1989

S. 73: Aus: Klaus Kordon, Das achte Weltwunder. Beltz Verlag, Weinheim 1979

S. 80: Aus: Wer möchte leben ohne den Trost der Bäume?. Hrsg. von Karl-Heinz Raach. Herder Verlag, Freiburg 1986

S. 91: unten, **S. 93**, **S. 94:** Aus: Annette Bliss: Kirchenpädagogik und RU, S. 100–101. Hrsg. von Thomas Klie. RPI Loccum, 2001

S. 99: Aus: Gute Nachricht Bibel. Revidierte Fassung. © 1997 Deutsche Bibelgesellschaft, Stuttgart

S. 100: Gekürzt aus: Kirchliches Amtsblatt Nr. 11/2000, Sp.144

S. 105, 106, 107: Bearbeitet aus: Kirchengeschichtliches Lesebuch, Bd. 1, S. 67 f. Hrsg. vom Evang.-Lutherischen Landeskirchenrat, 1970.

S. 108: gekürzt aus: Arbeitshilfe für den Konfirmandenunterricht, 1. Ausgabe 1966, hrsg. von E. Achtnich, Burckardthaus-Verlag GmbH, Gelnhausen und Berlin

S. 110: Nach dem bekannten Bonhoeffer-Text »Wer bin ich?« Gütersloher Verlagshaus, Gütersloh

S. 113: Aus: Religionsbuch 5/6, S. 70/71. Cornelsen Verlag, Berlin 2001

S. 116: Aus: Fynn, Anna schreibt an Mister Gott. Scherz Verlag, Bern

S. 118: Aus: Religion 5. Unterrichtsideen. Calwer Verlag, Stuttgart

S. 119: Aus: Amerika gibt es nicht. Luchterhand Verlag, Neuwied

S. 121: Aus: Geschichten zum Nachdenken. Gütersloher Verlagshaus/ Chr. Kaiser, Gütersloh

S. 122: Aus Erich Kästner, Das fliegende Klasenzimmer. Atrium Verlag, Affoltern

S. 123: Mitte: Aus: Ursula Wölfel, Achtundzwanzig Lachgeschichten. Hoch-Verlag, Düsseldorf

S. 123: rechts: Aus: Was für ein Glück. Jahrbuch der Kinderliteratur, S. 222. Verlag Beltz & Gelberg, Weinheim